Grande lecture
Edition

Ce livre comprend plus de 170 designs autour de l'astronomie afin de vous inspirer pour votre futur tatouage.

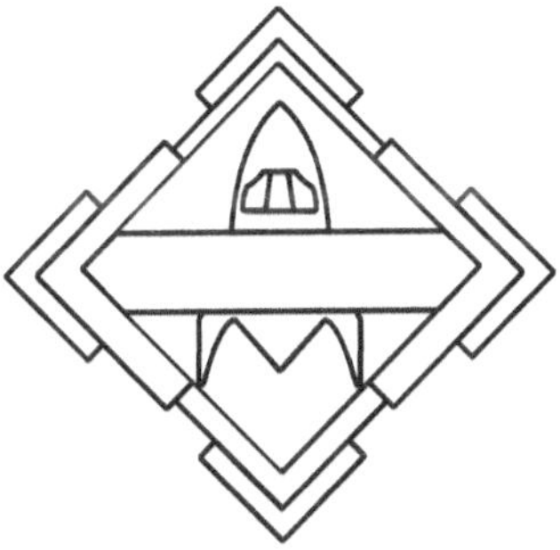

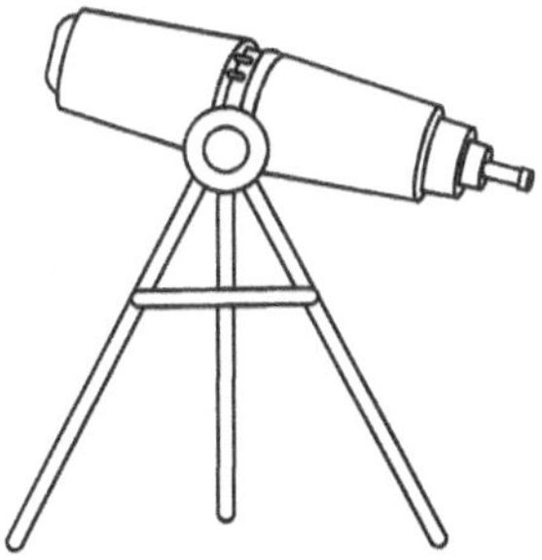

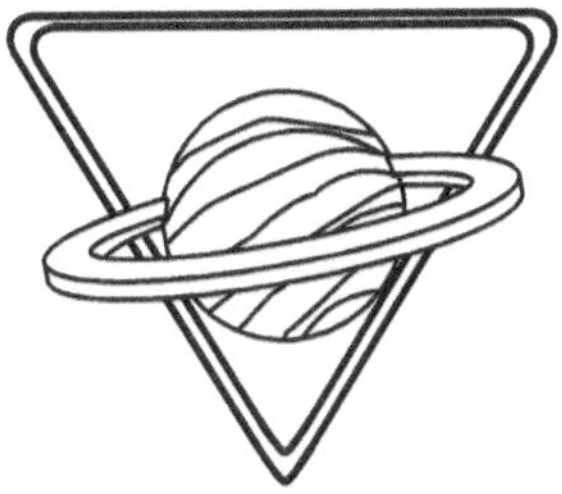

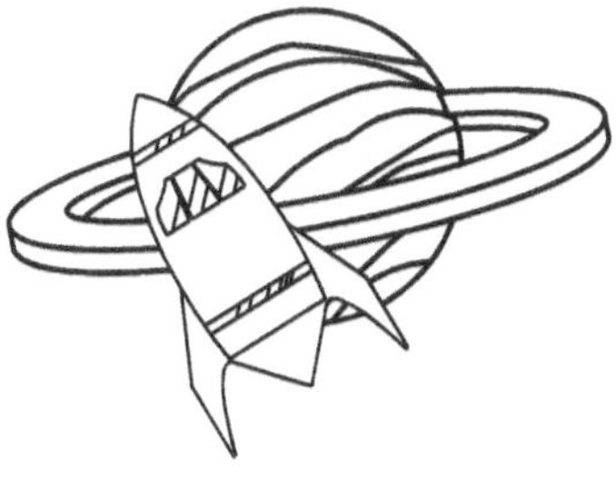

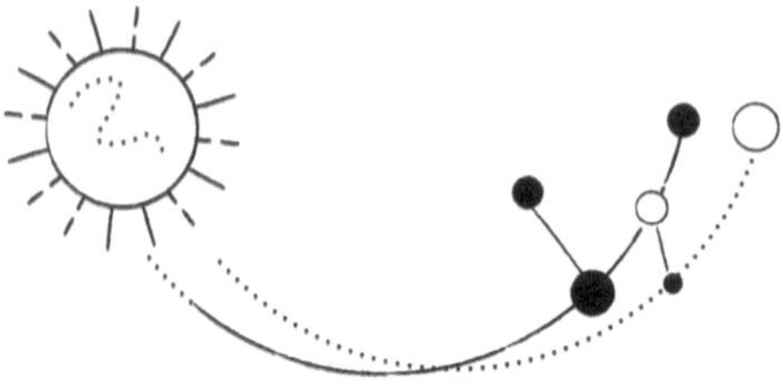

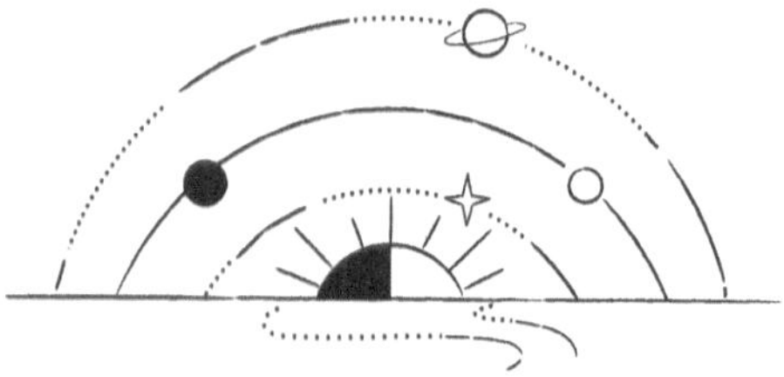

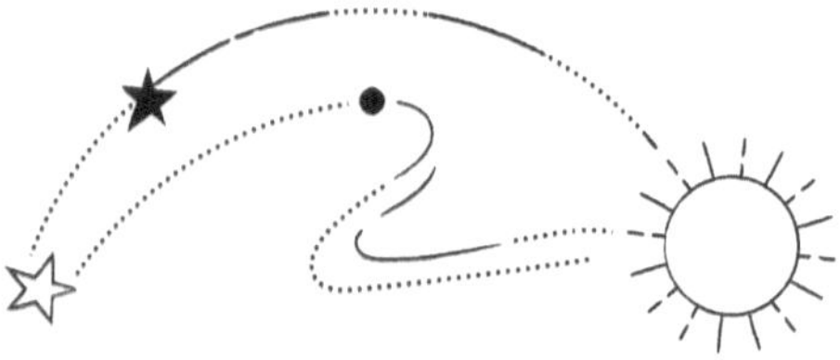

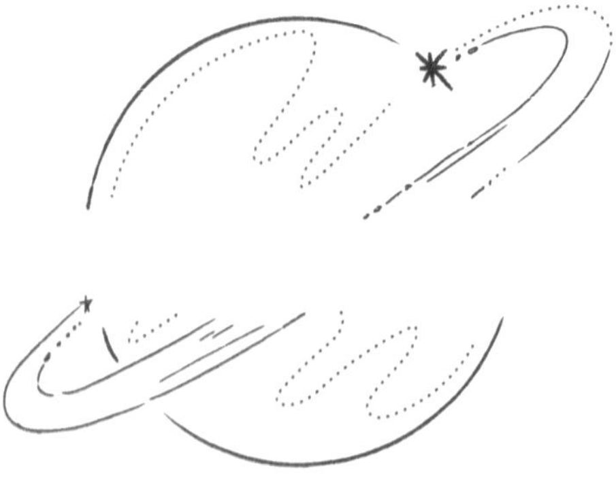

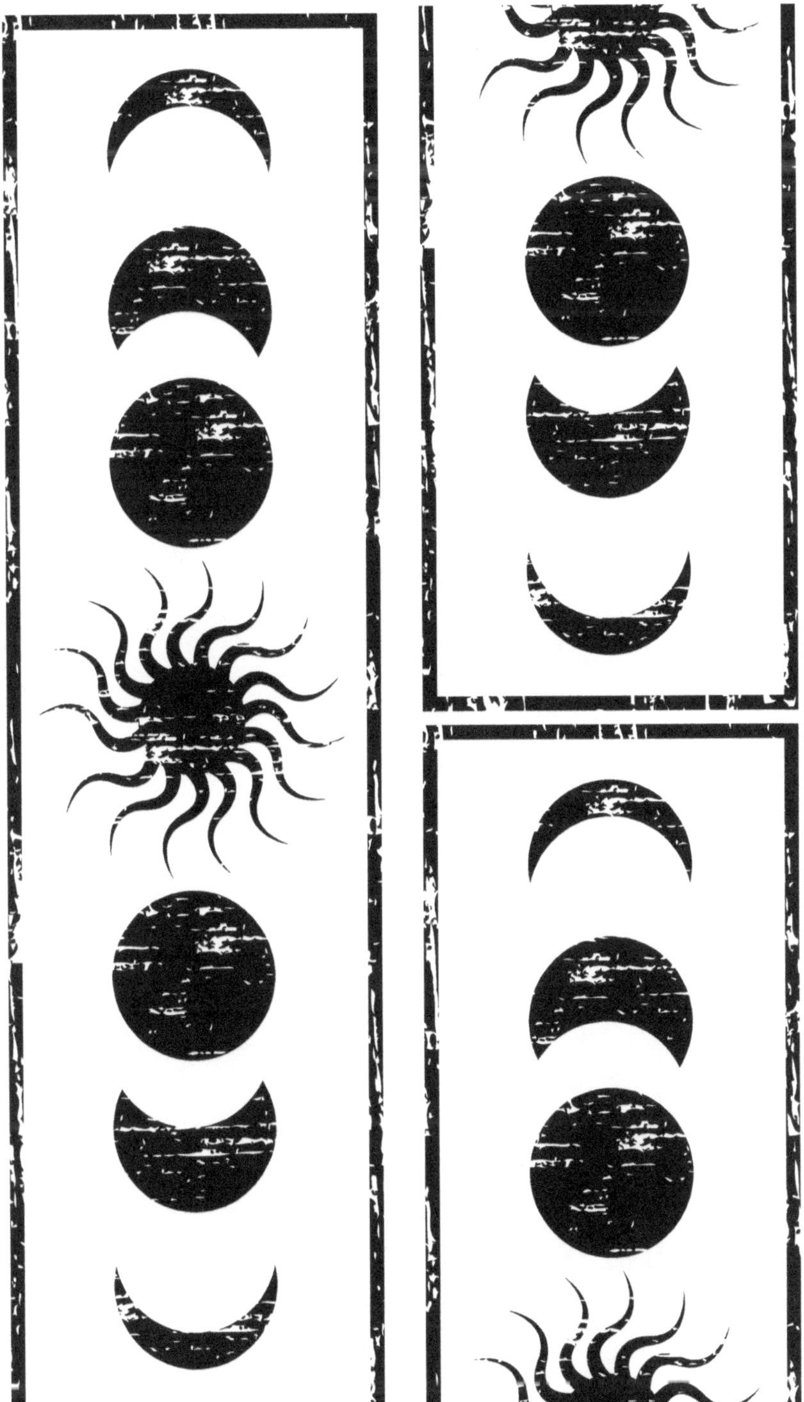

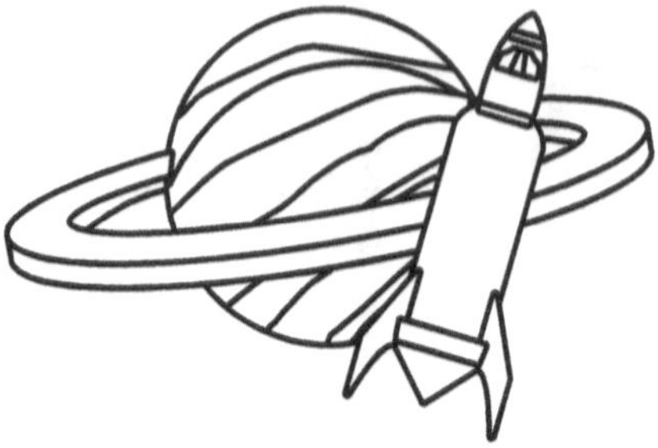

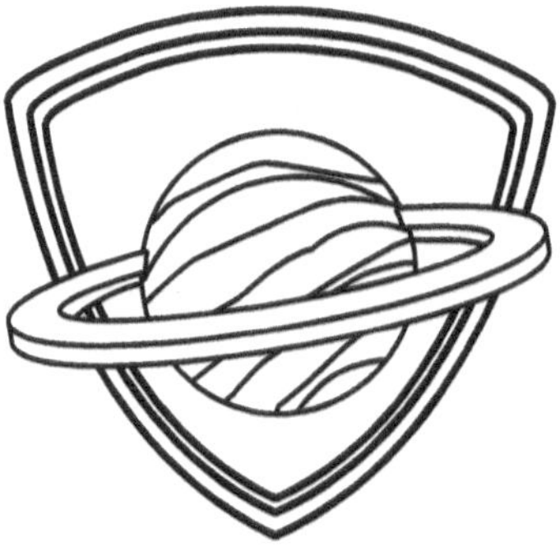

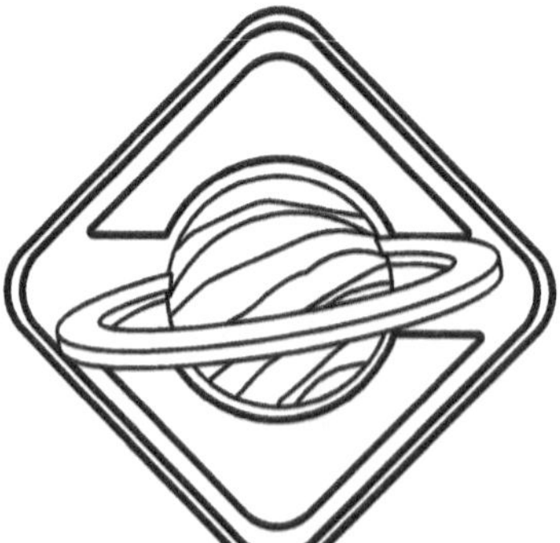

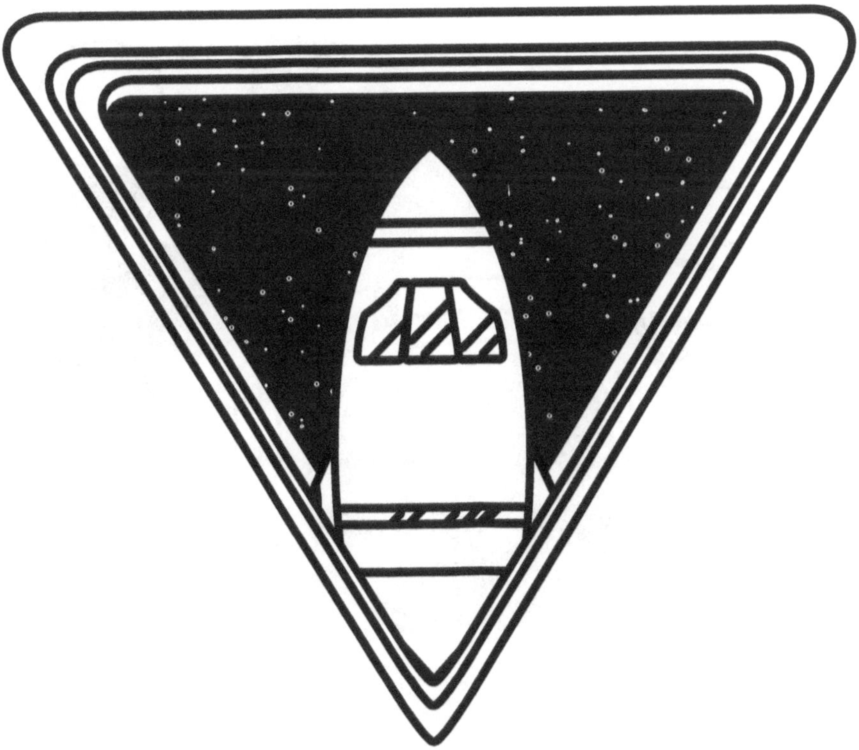

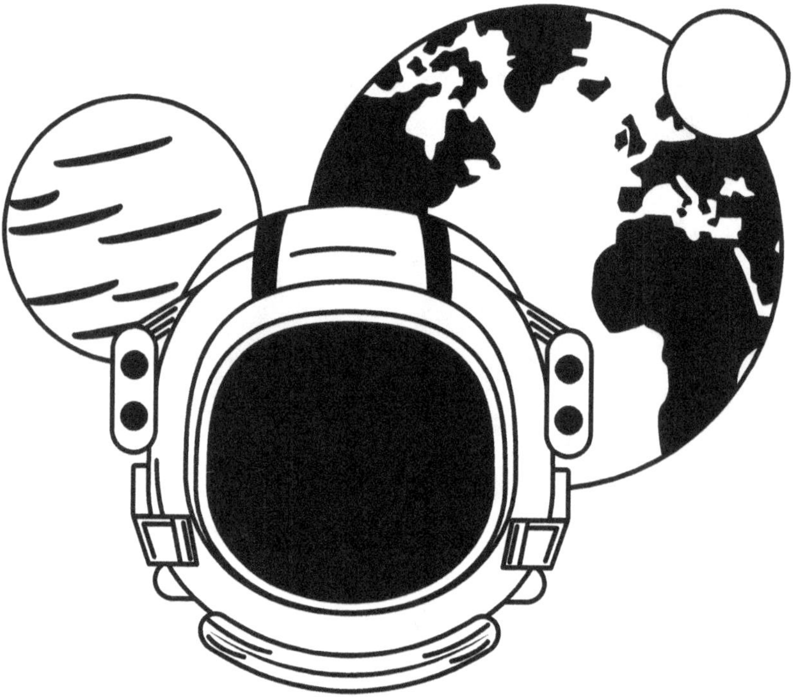

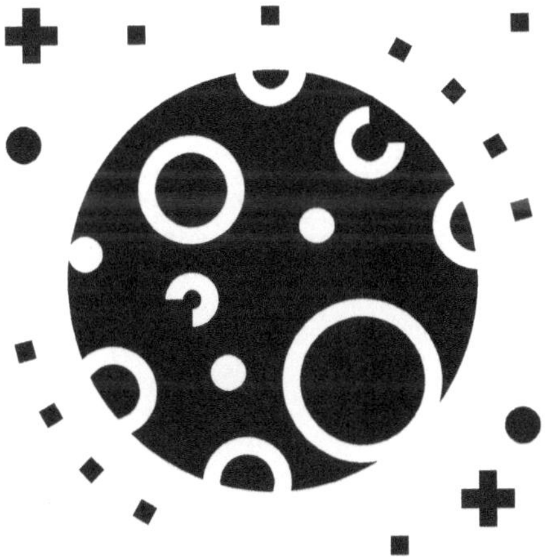

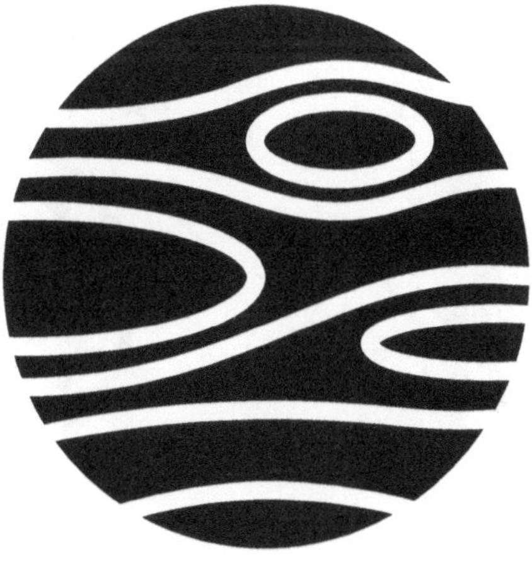

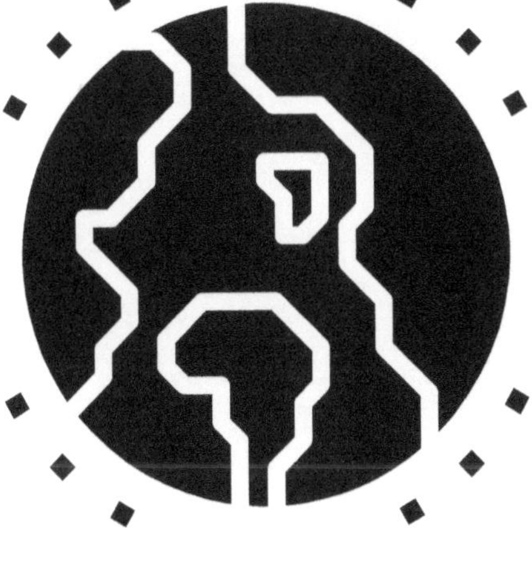

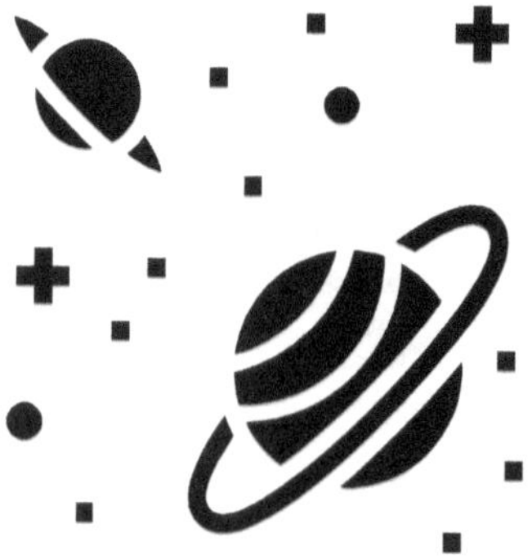 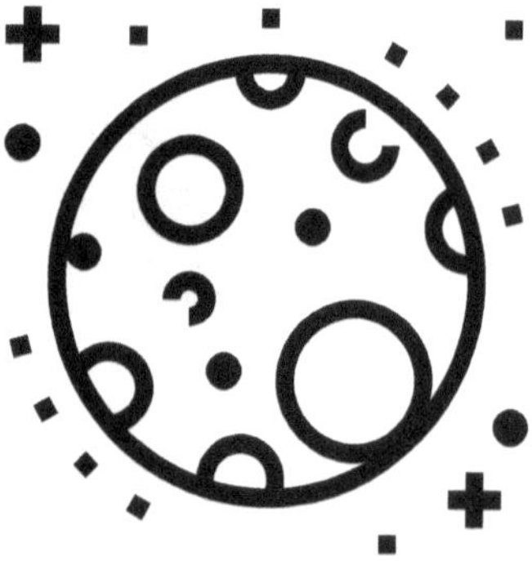

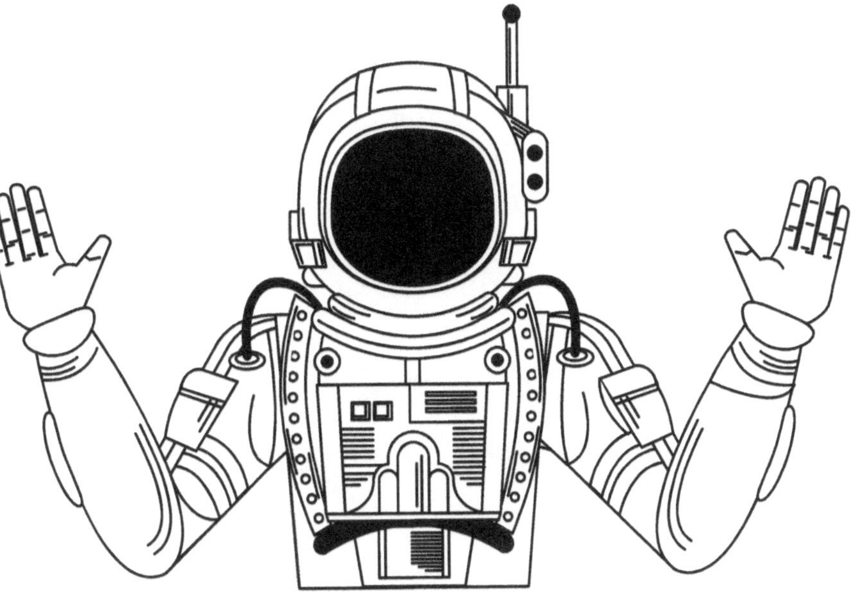

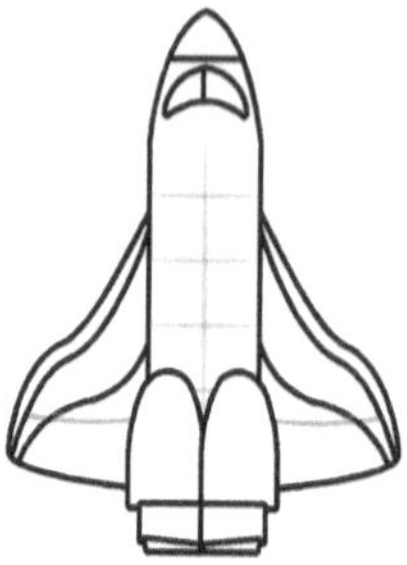

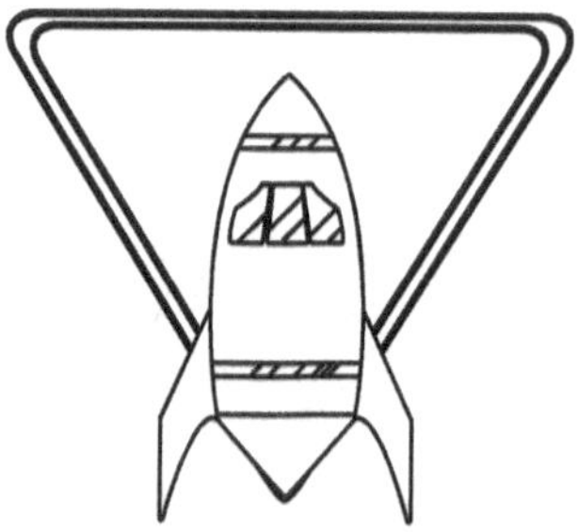

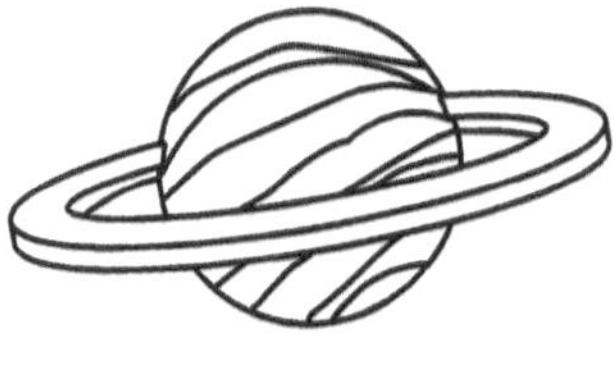

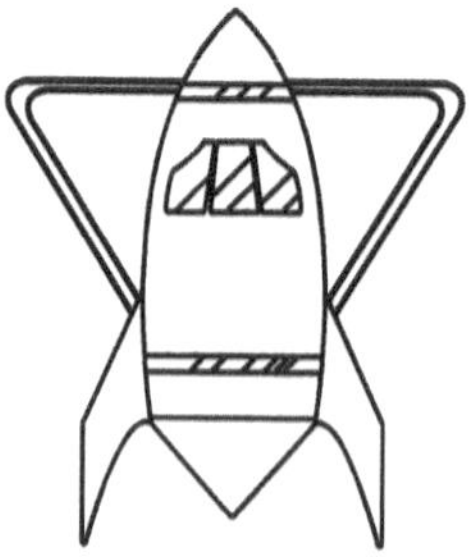

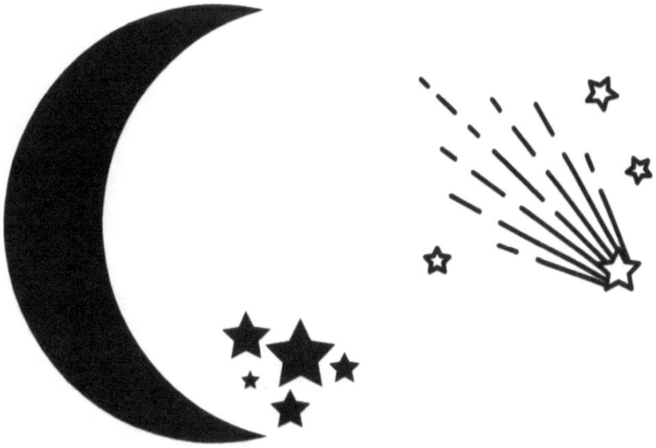

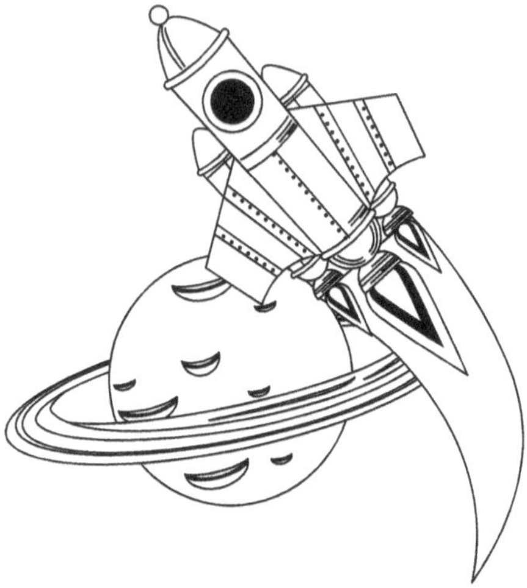

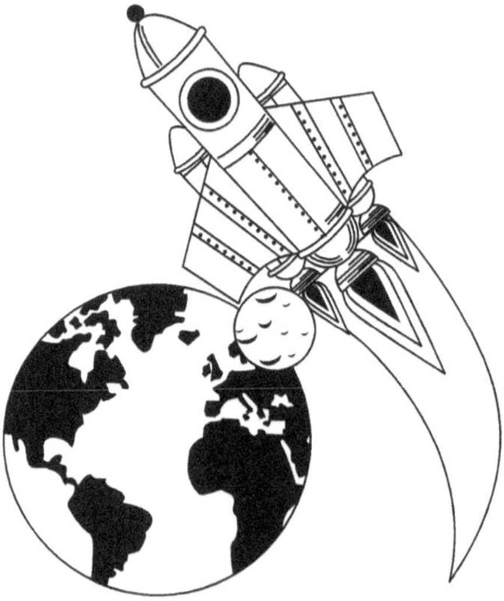

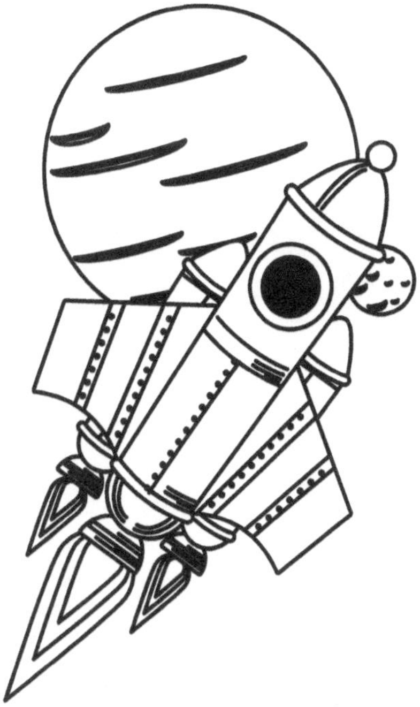

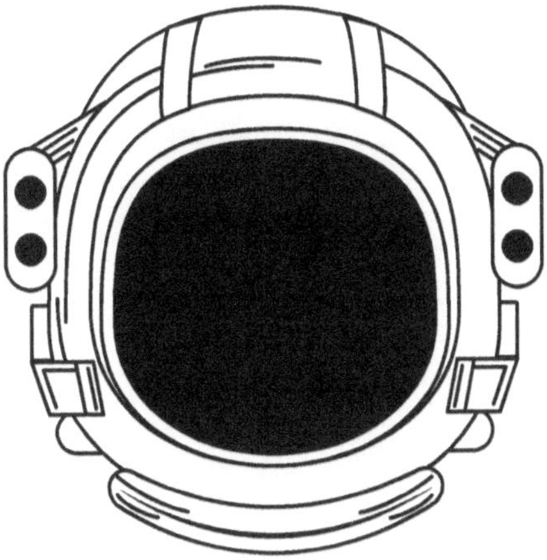

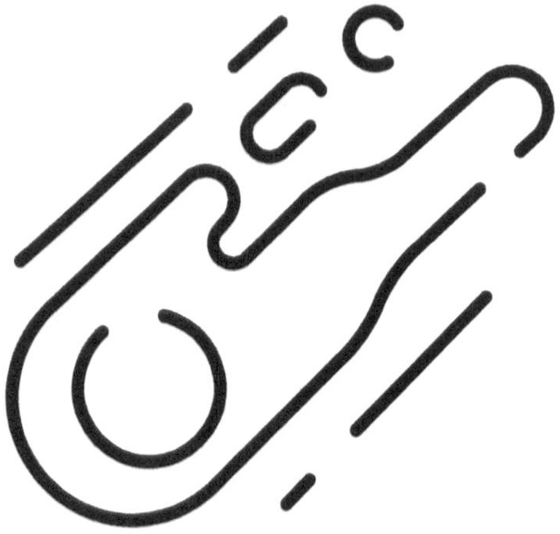

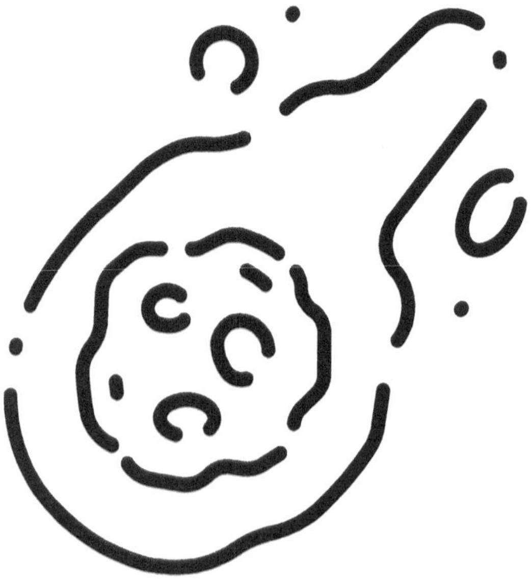

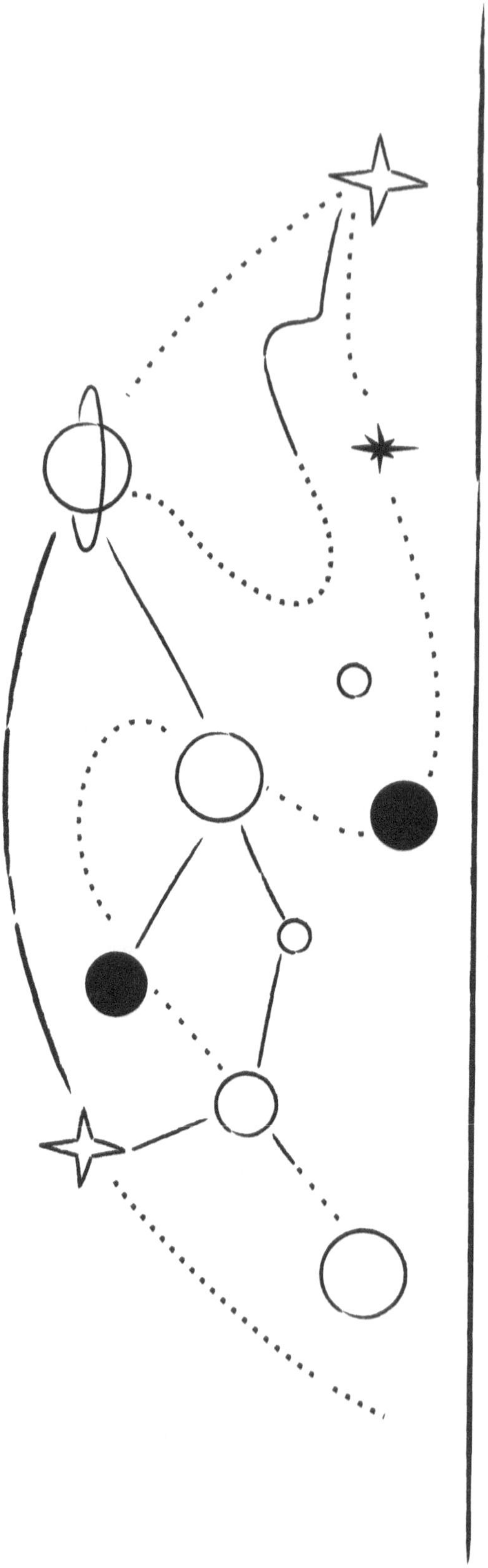

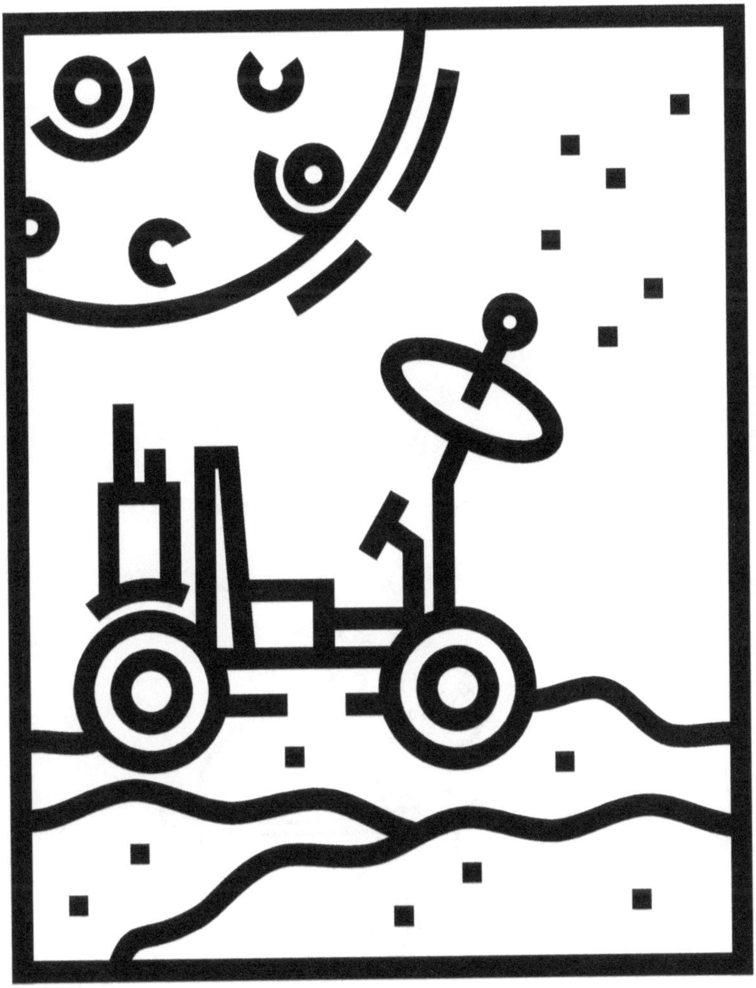

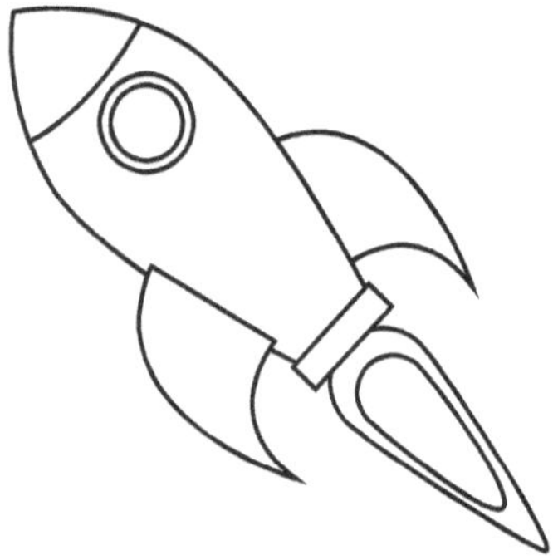

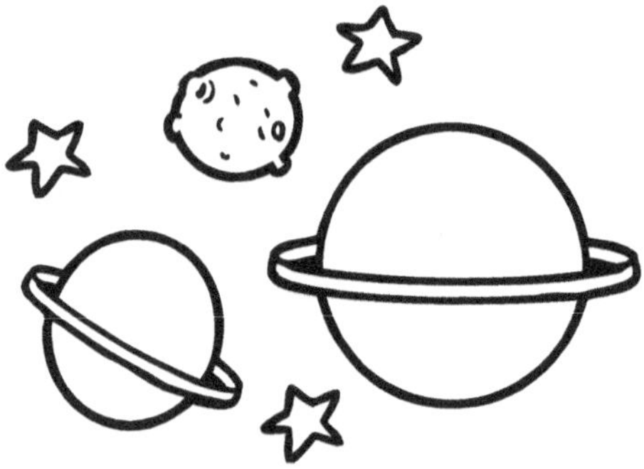

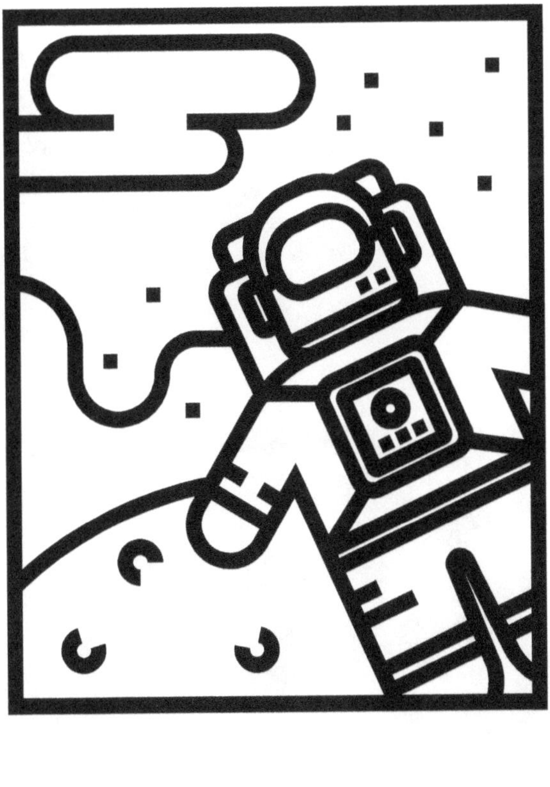

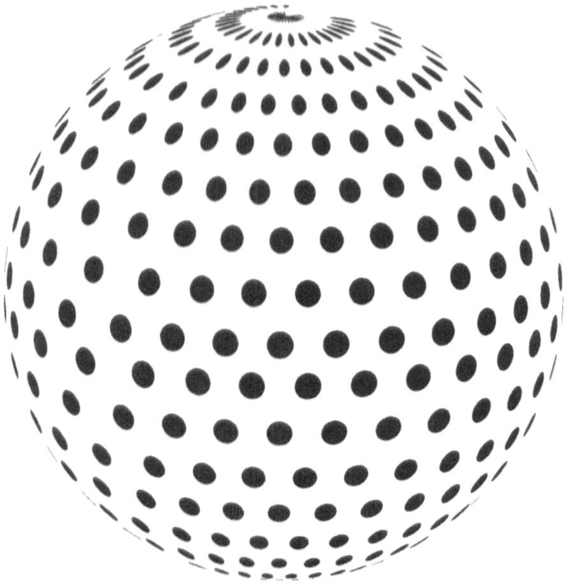

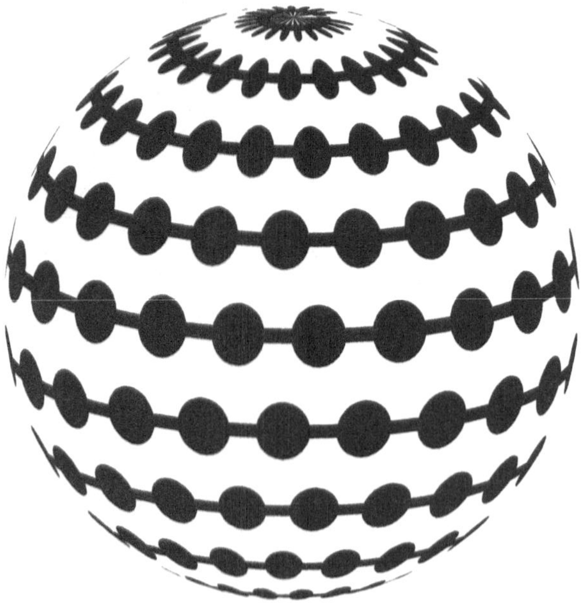

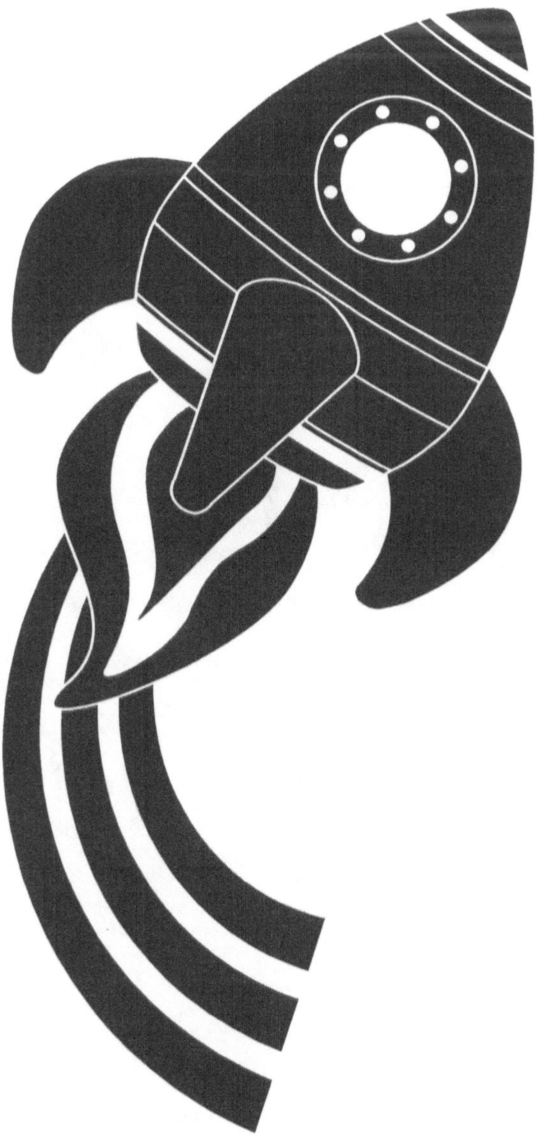

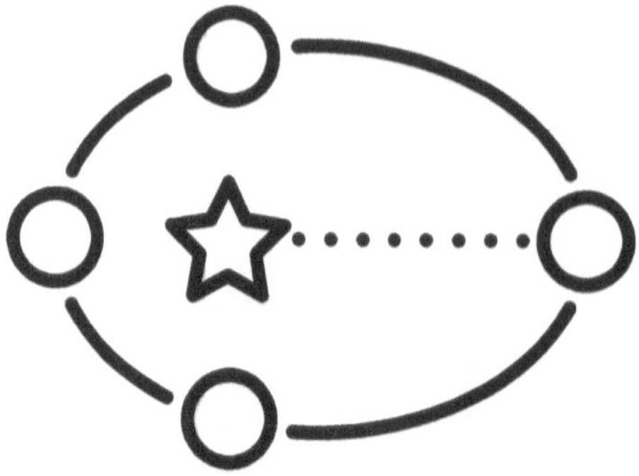
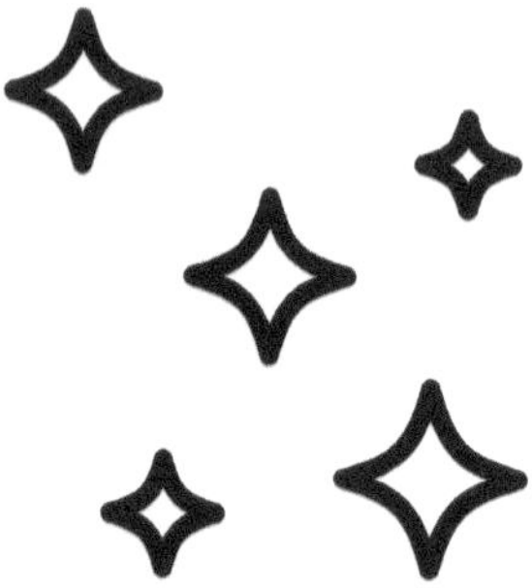
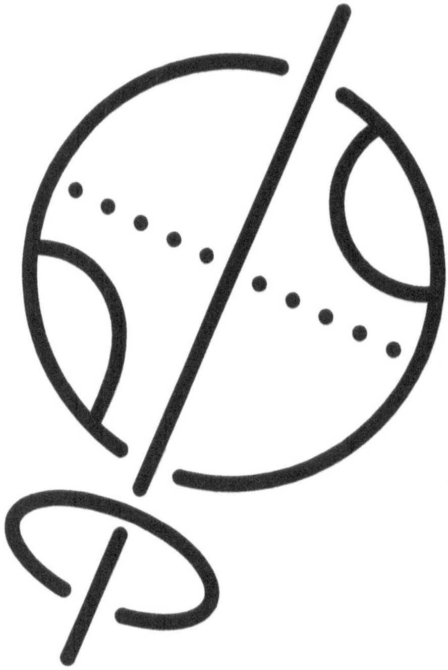
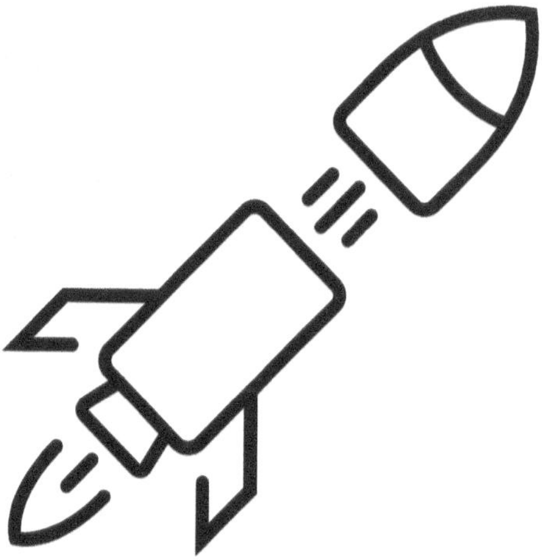
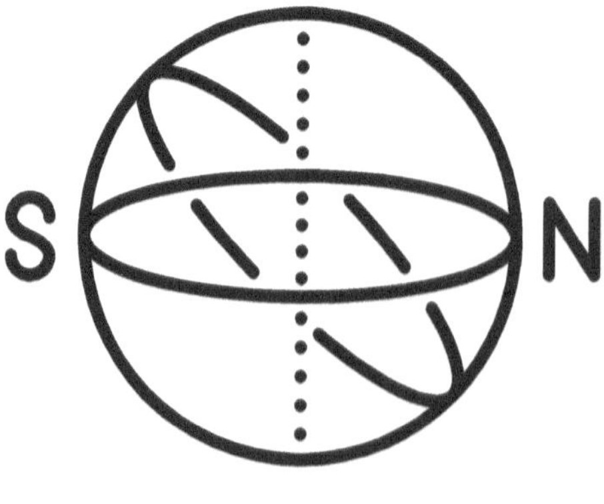
S
N

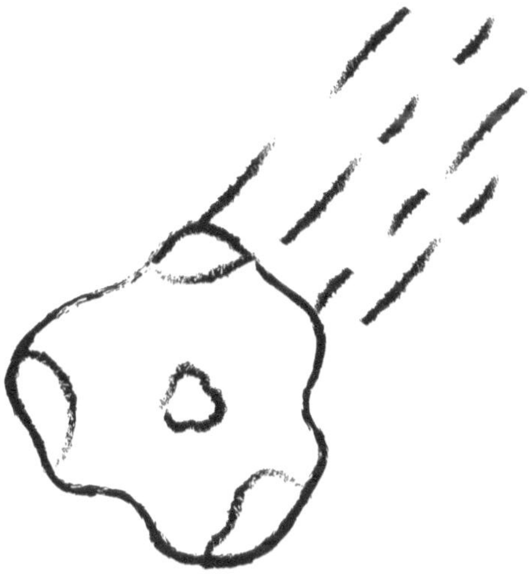

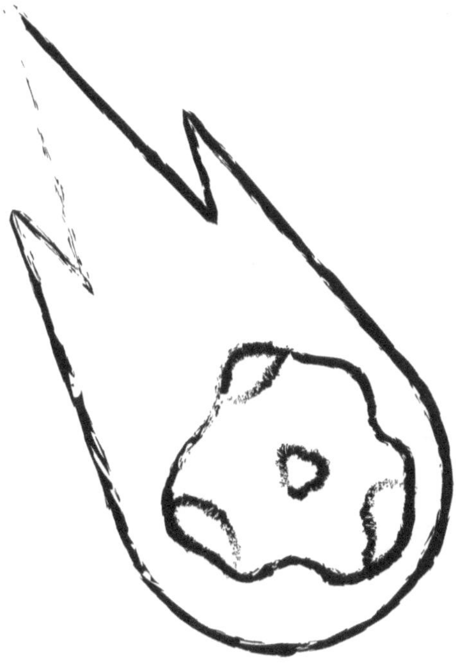

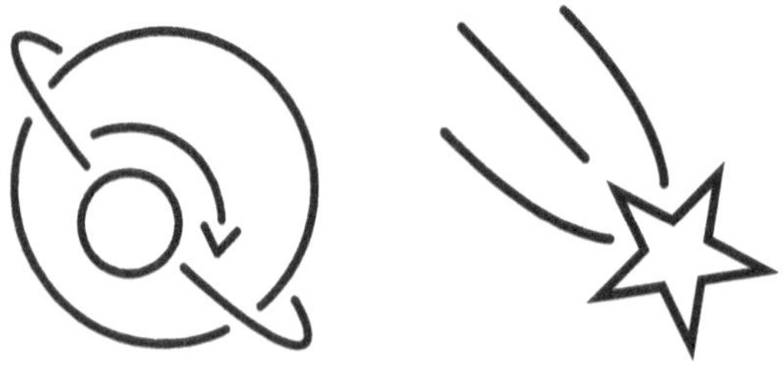

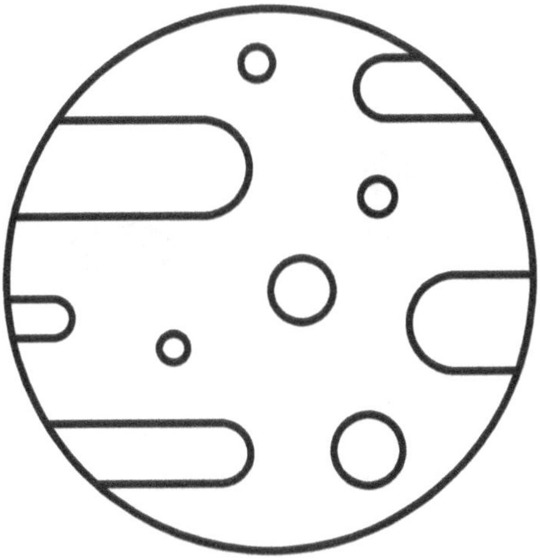

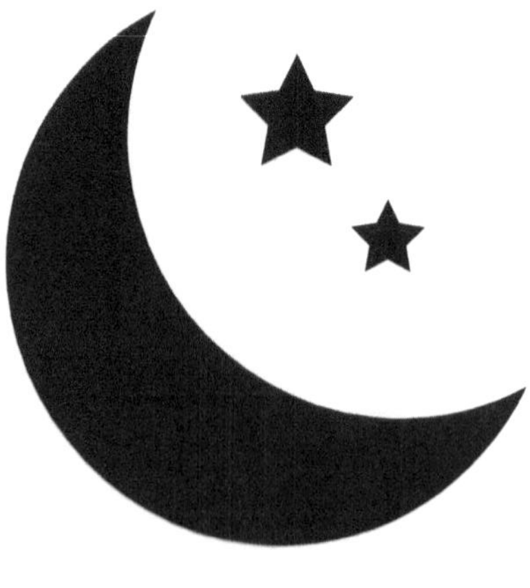

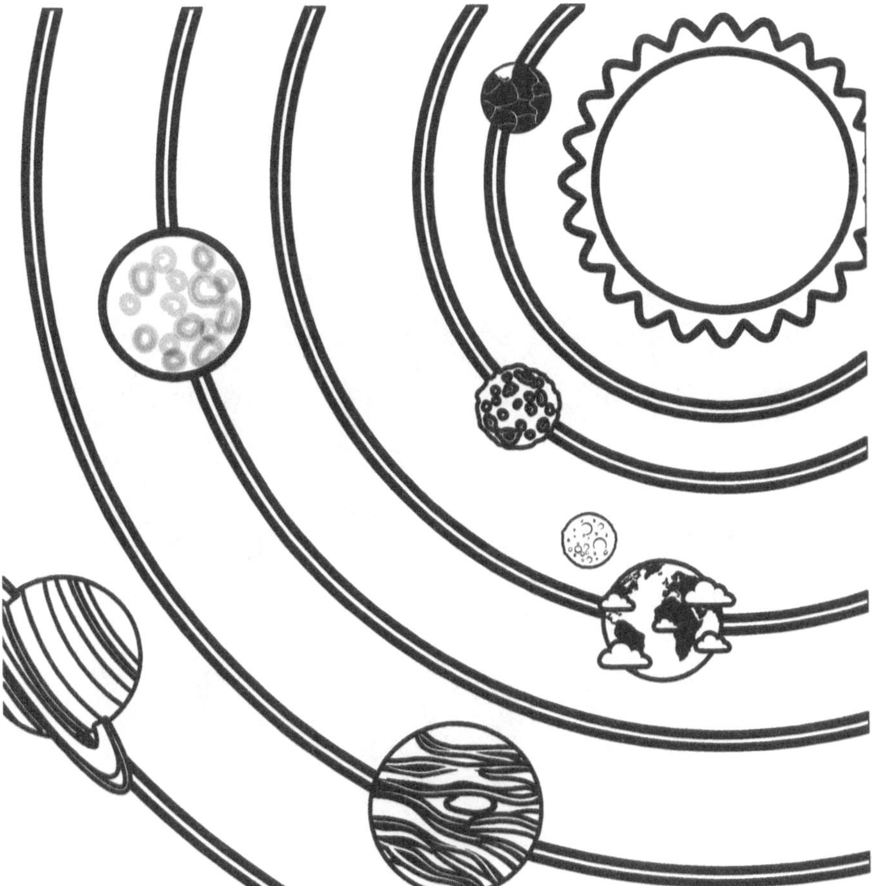

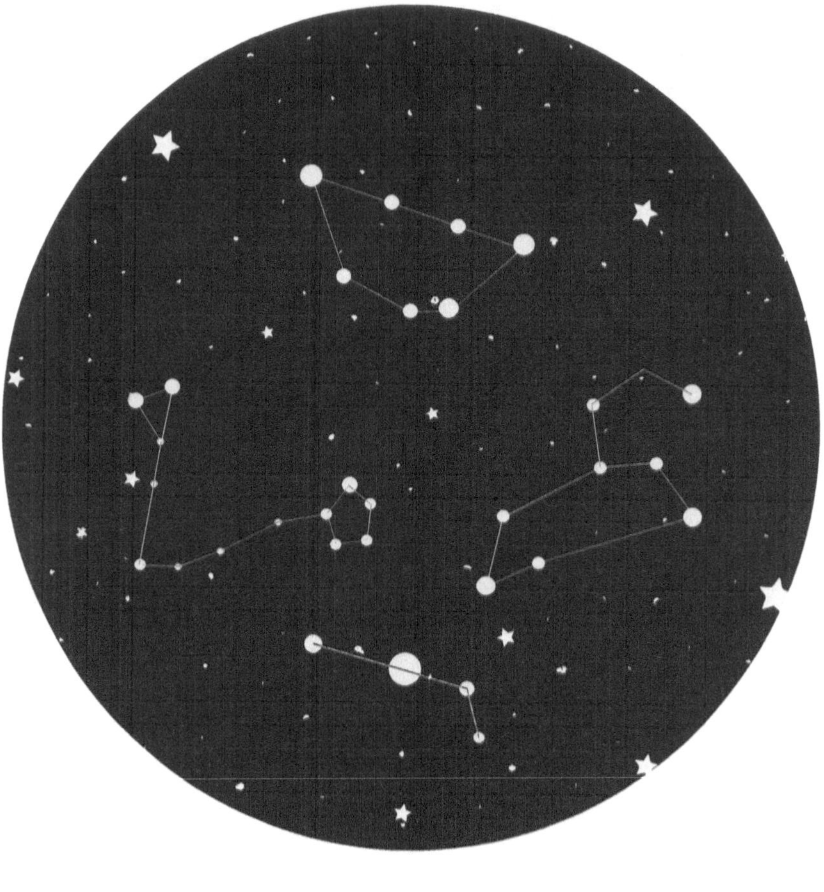

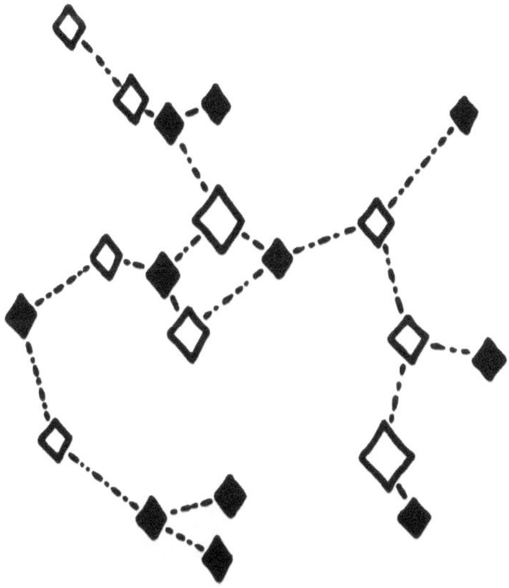

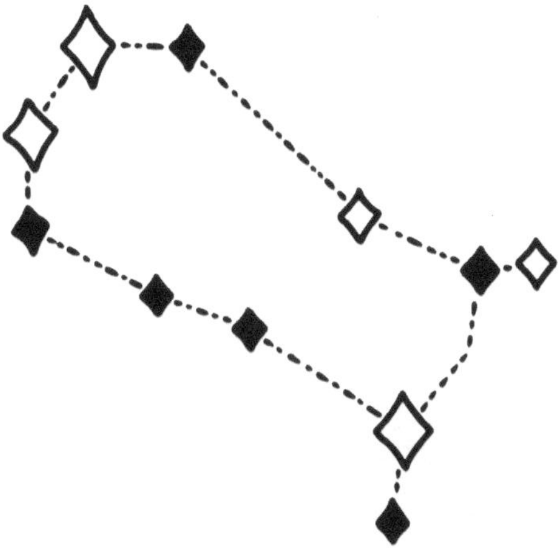

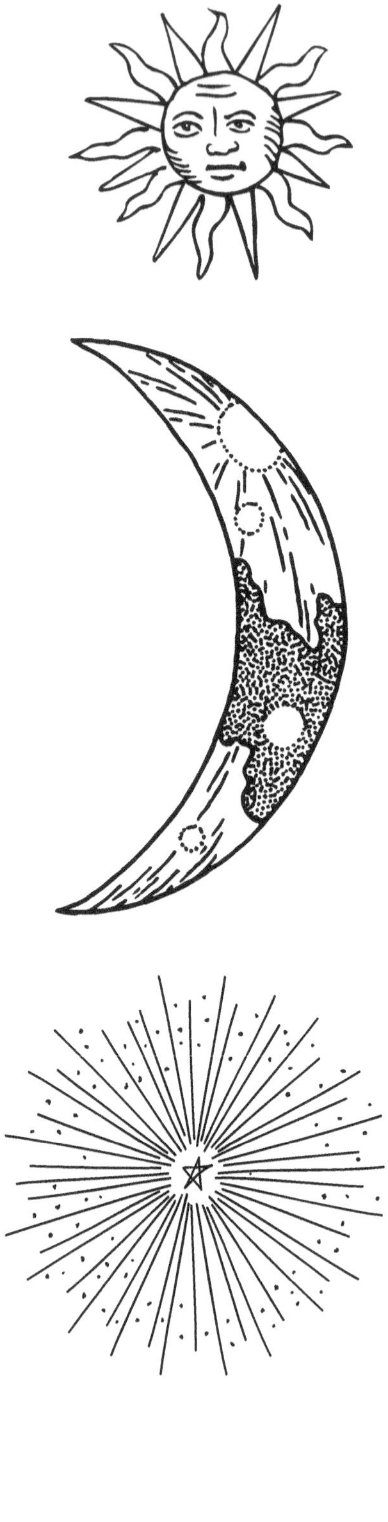

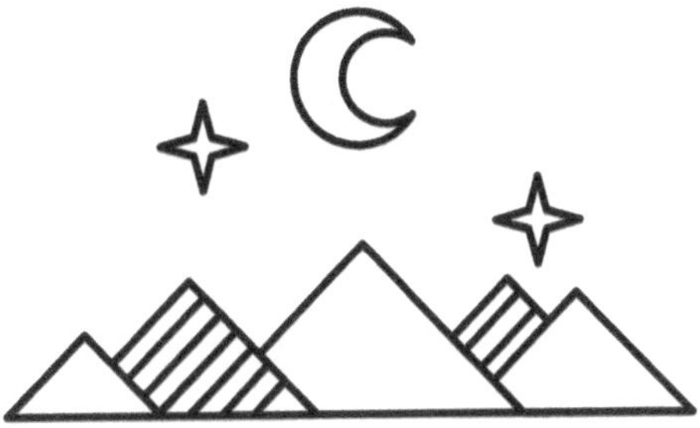

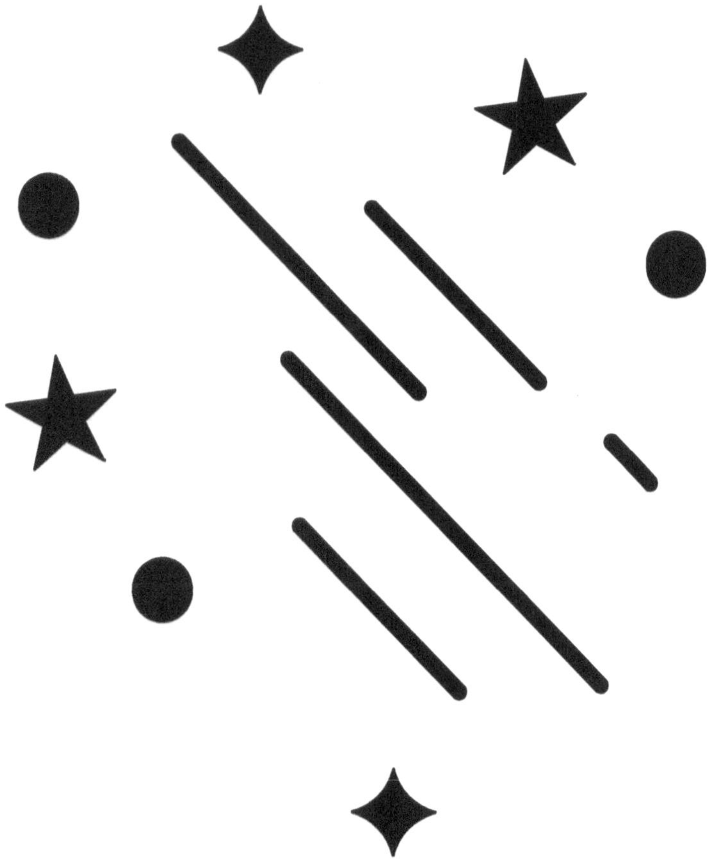

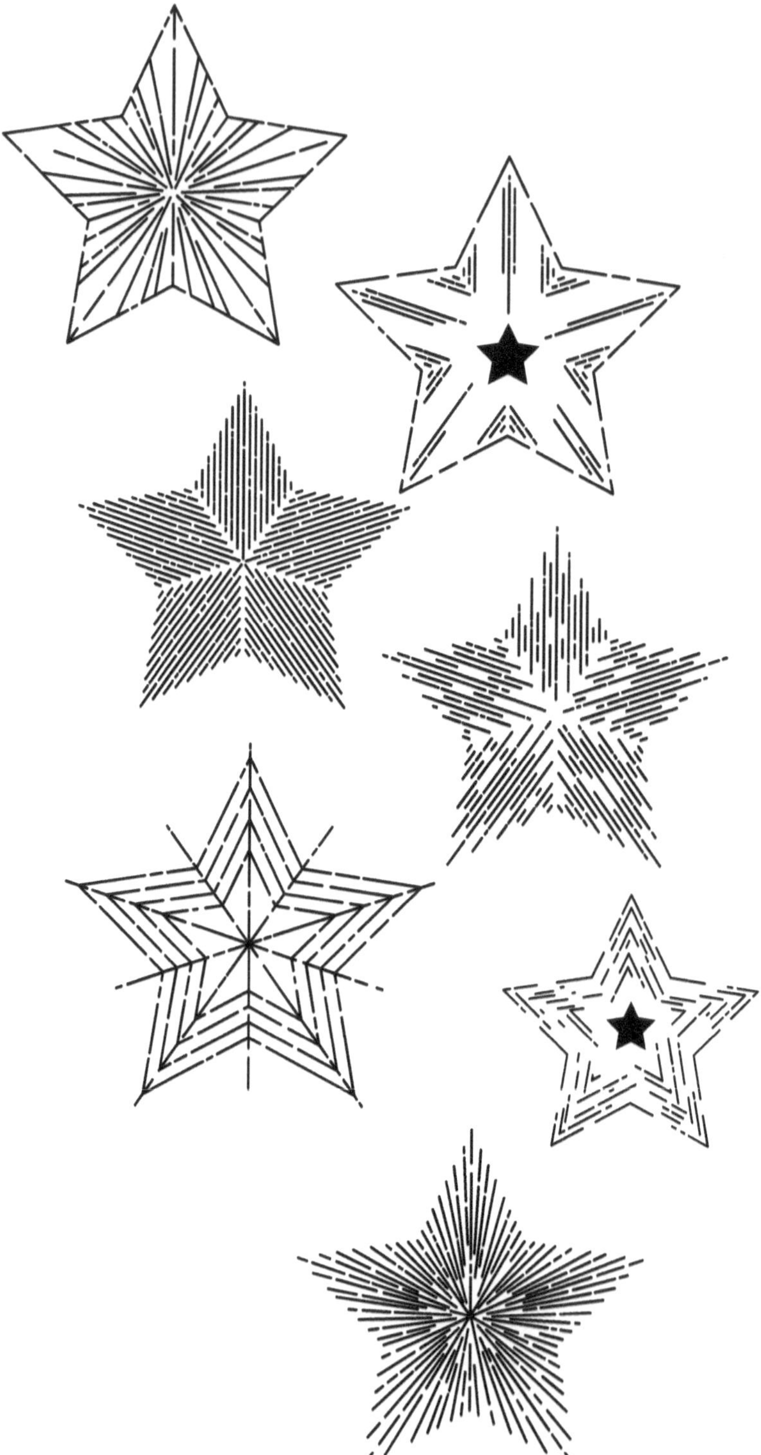

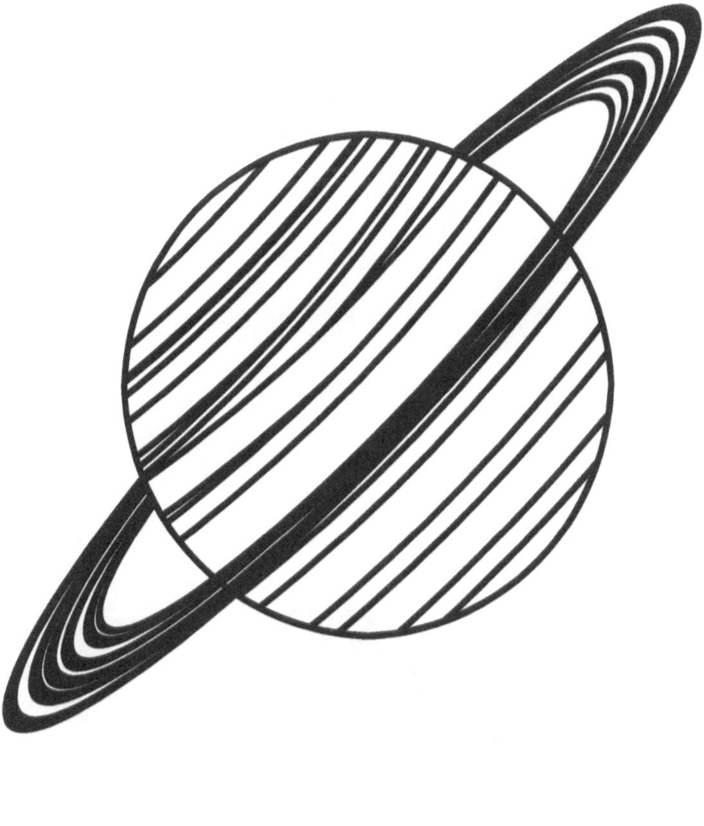

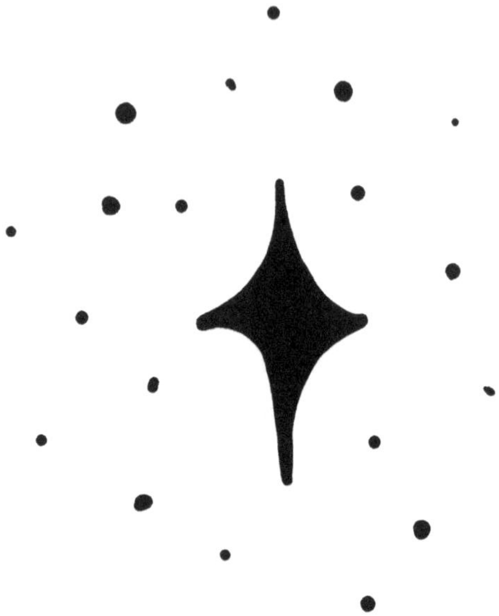

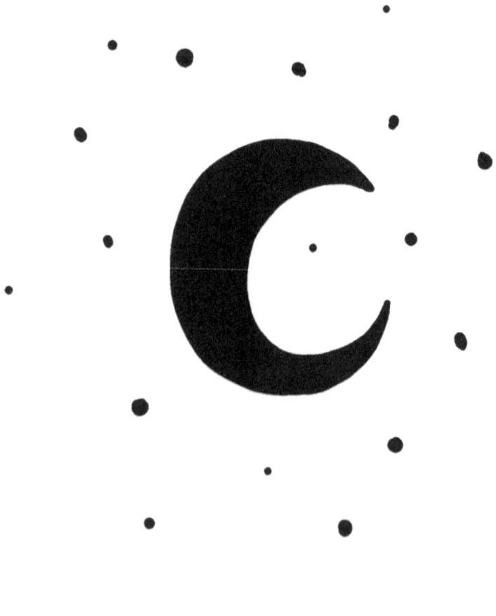

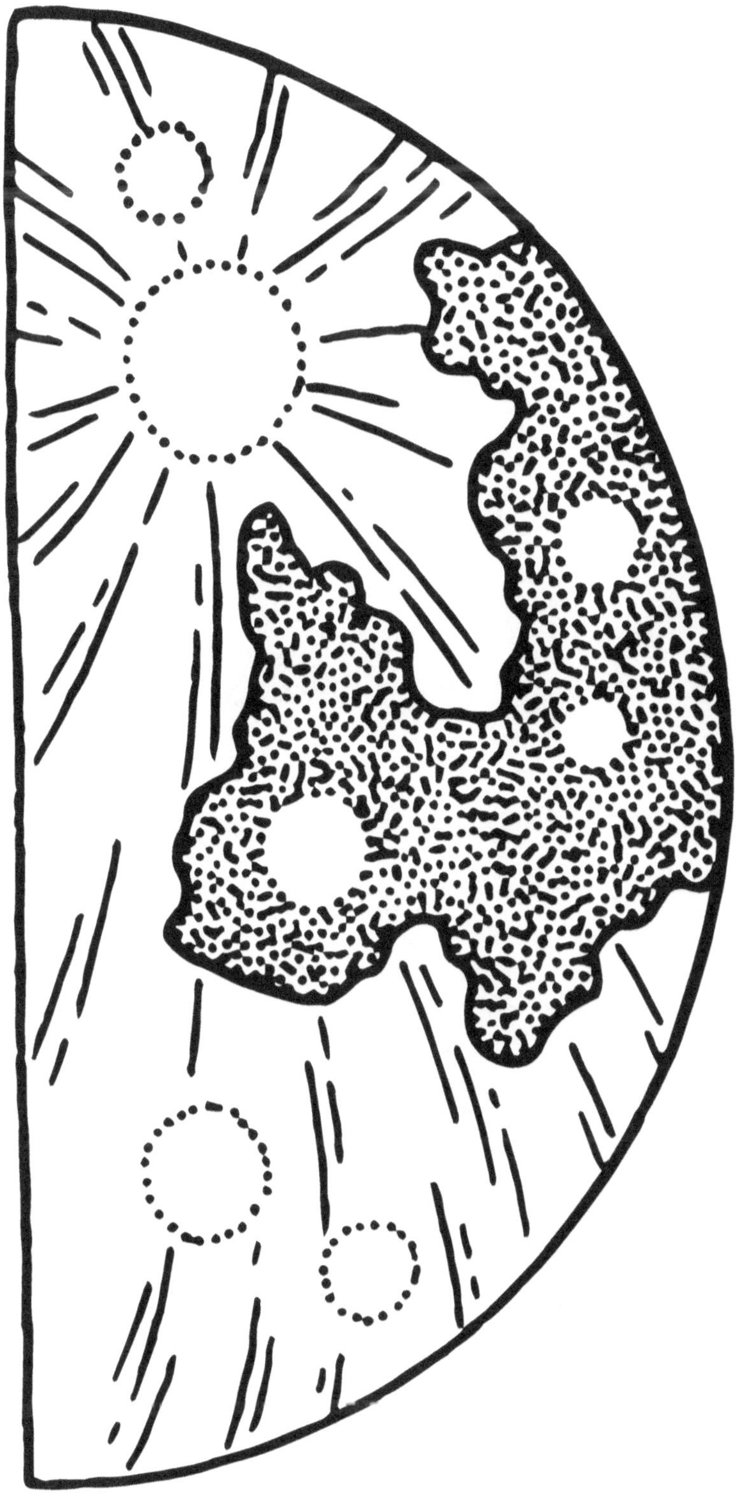

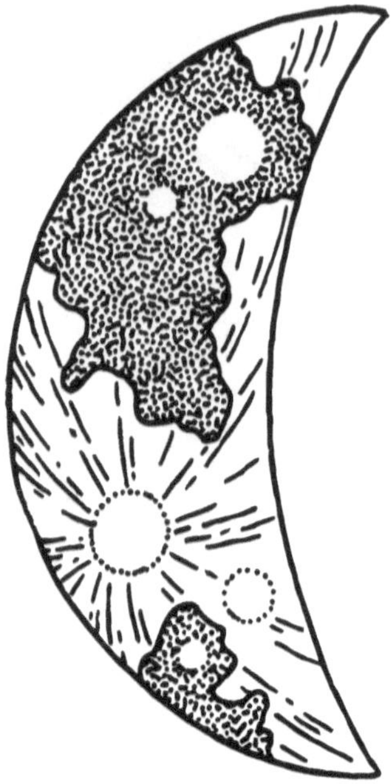

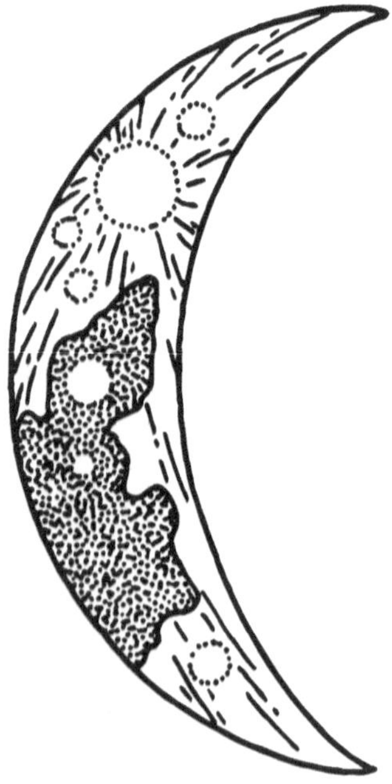

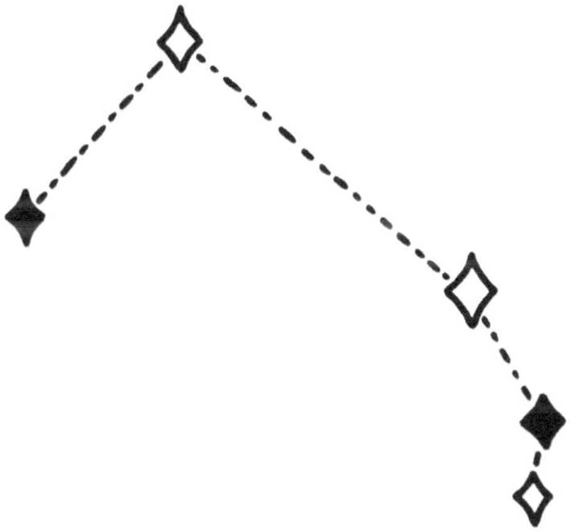

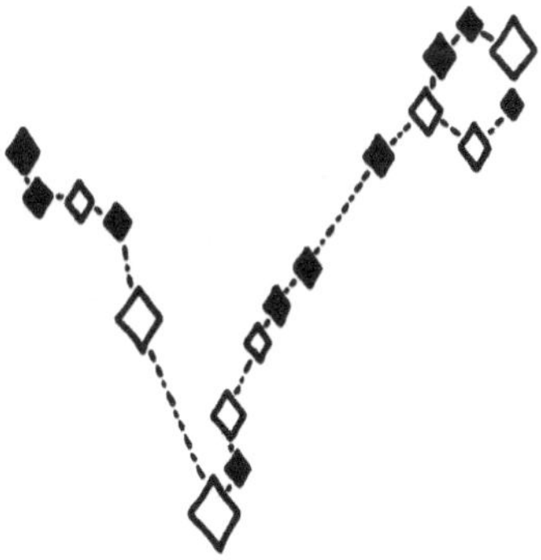

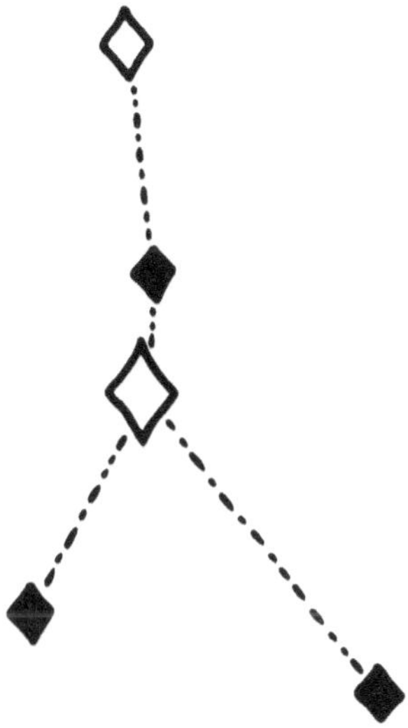

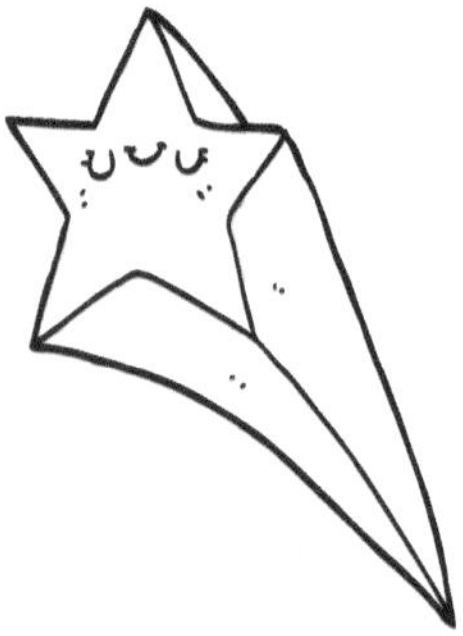
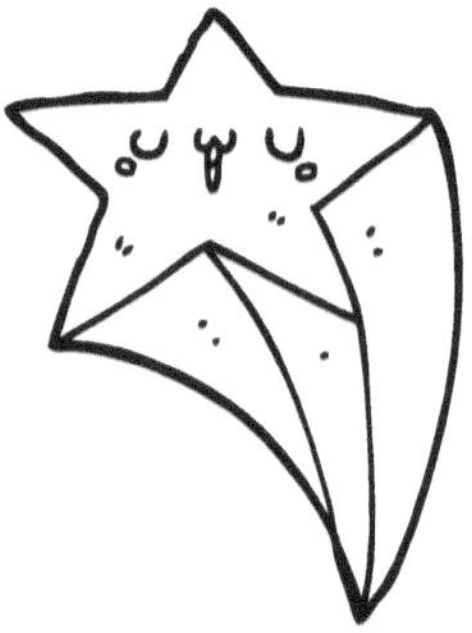
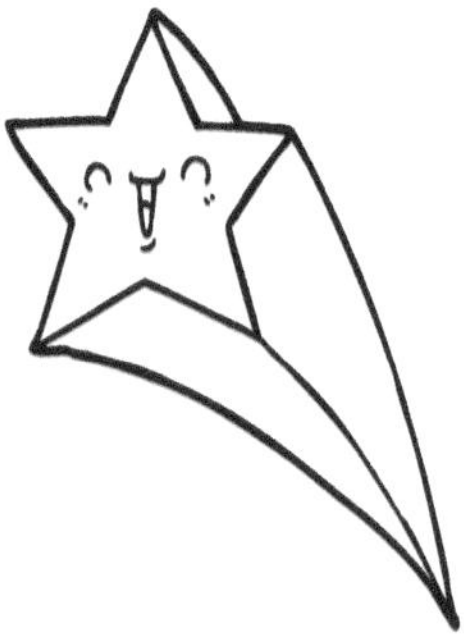

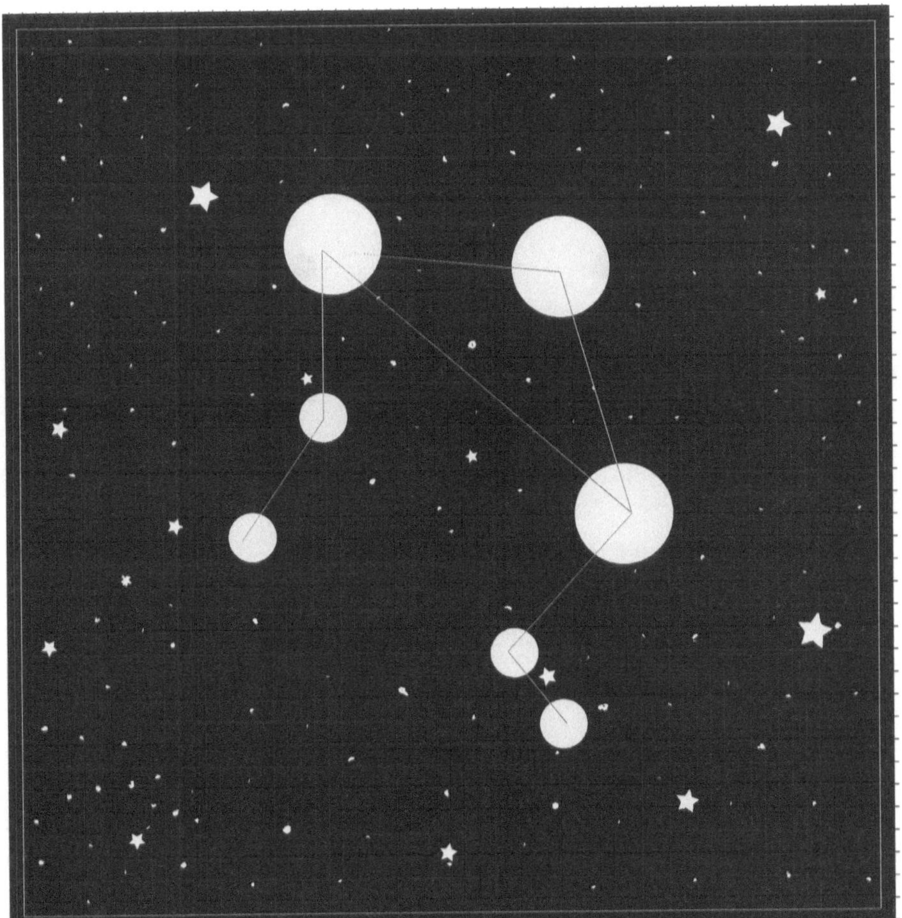

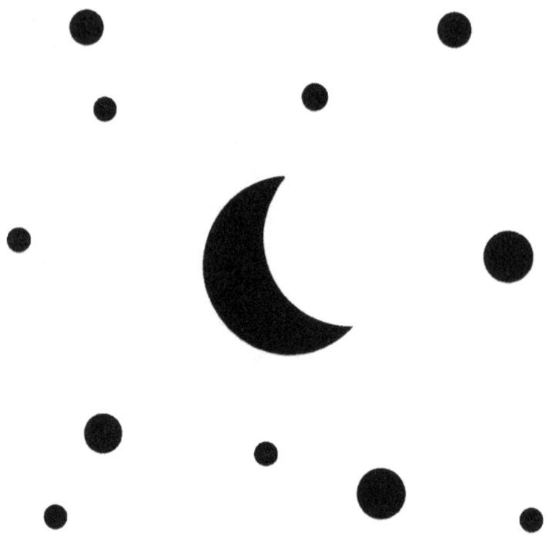

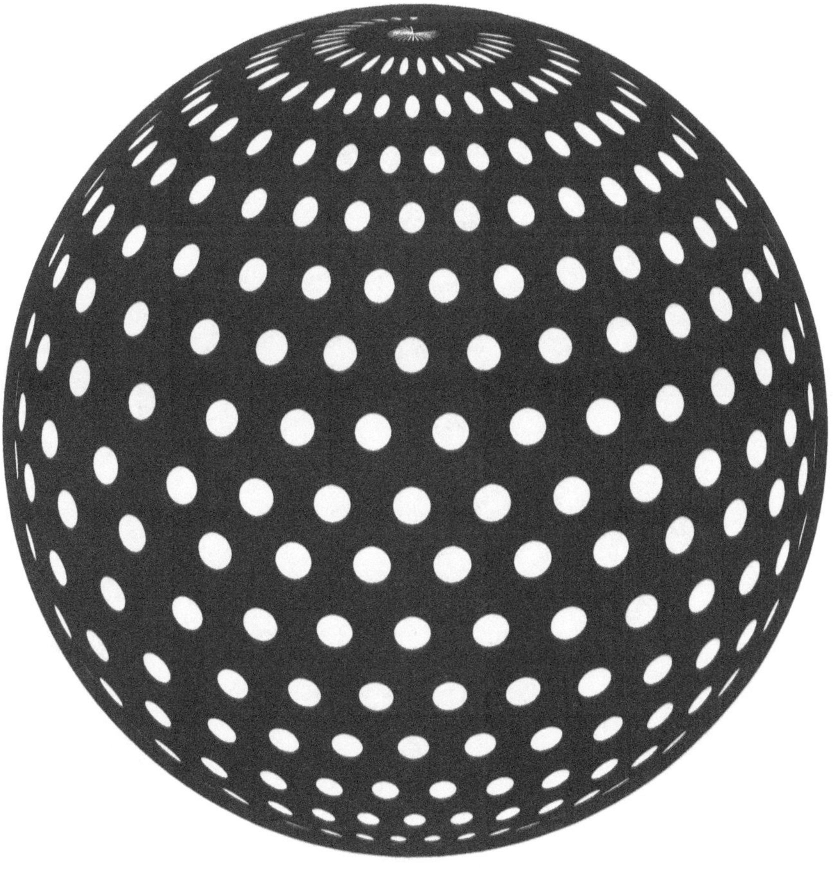

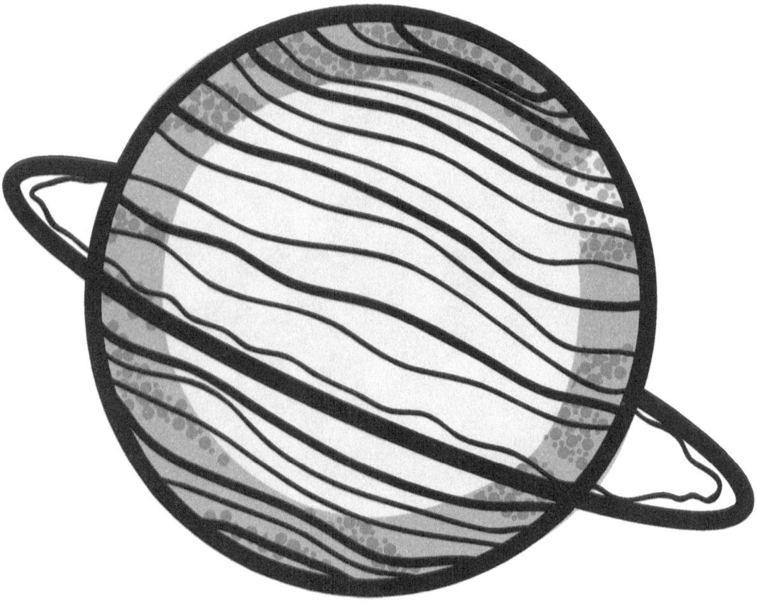

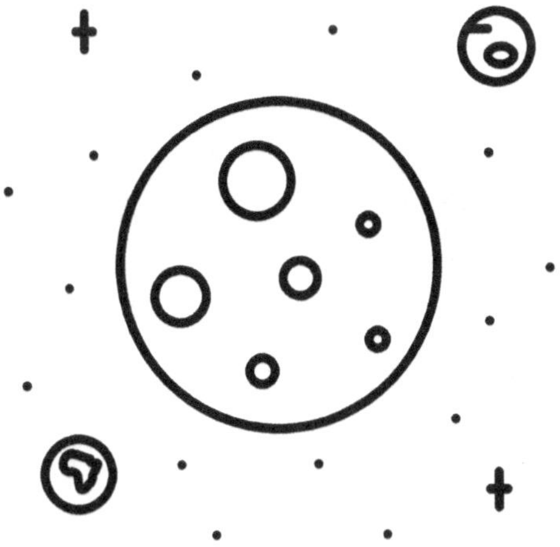

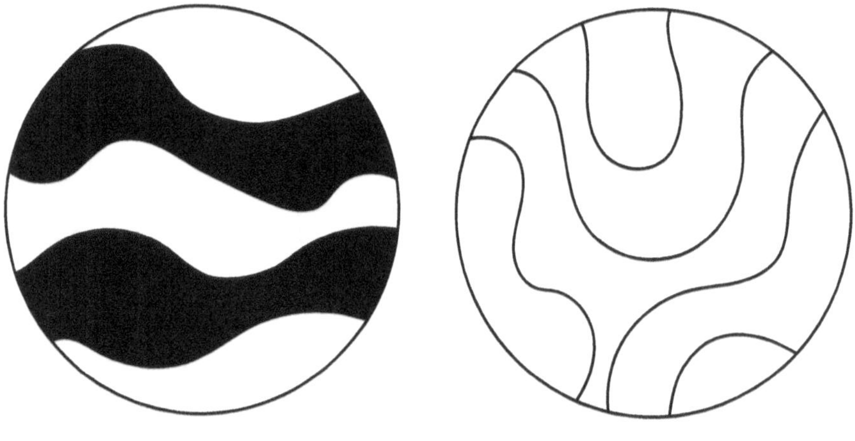

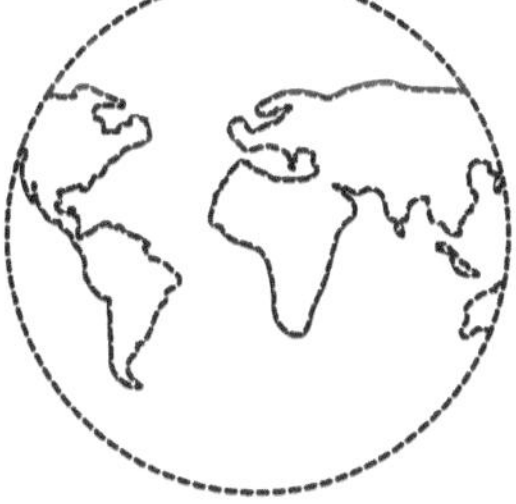

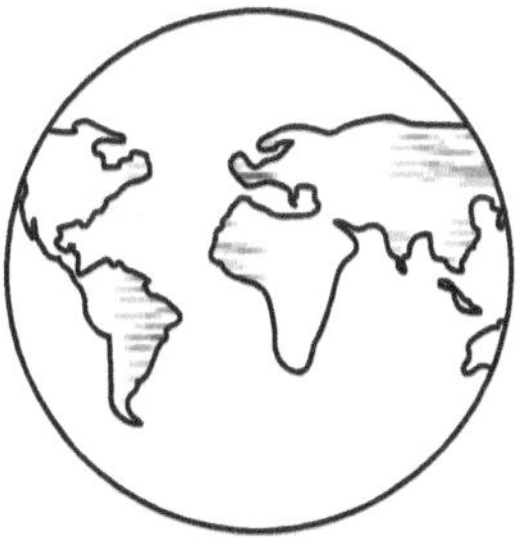

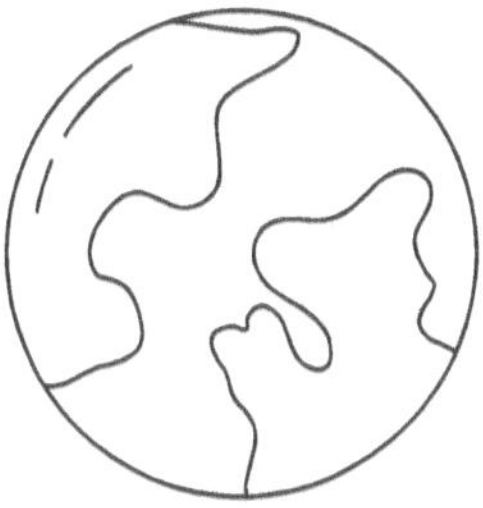

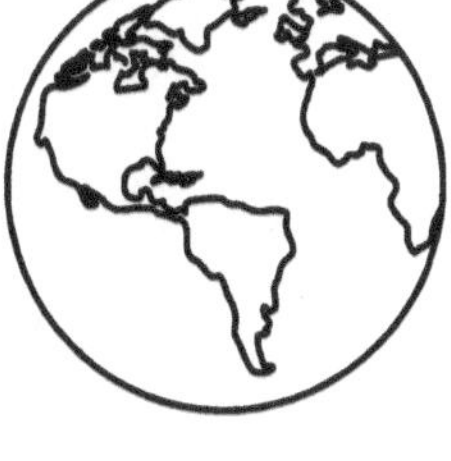

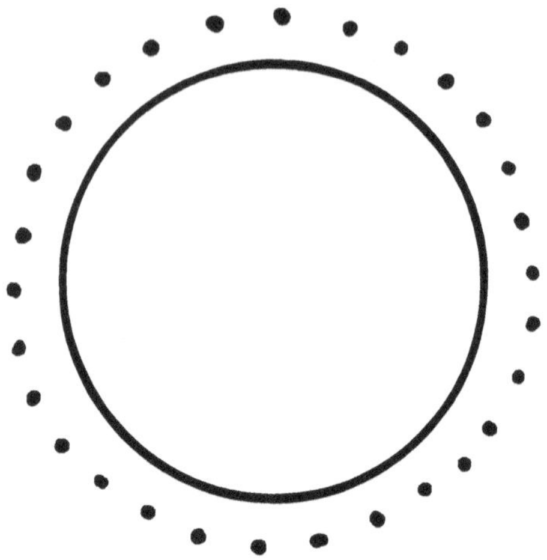

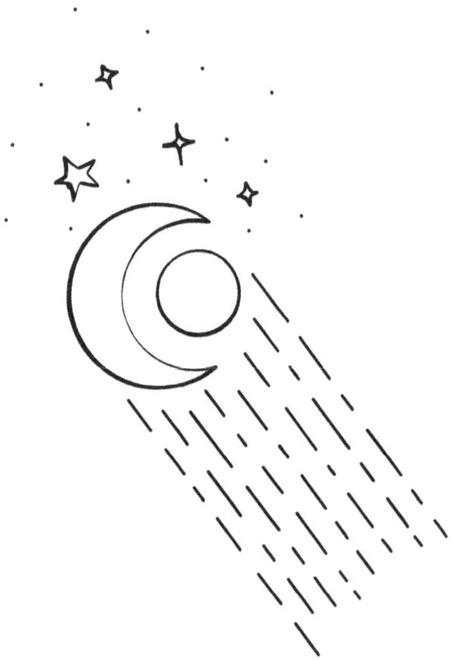

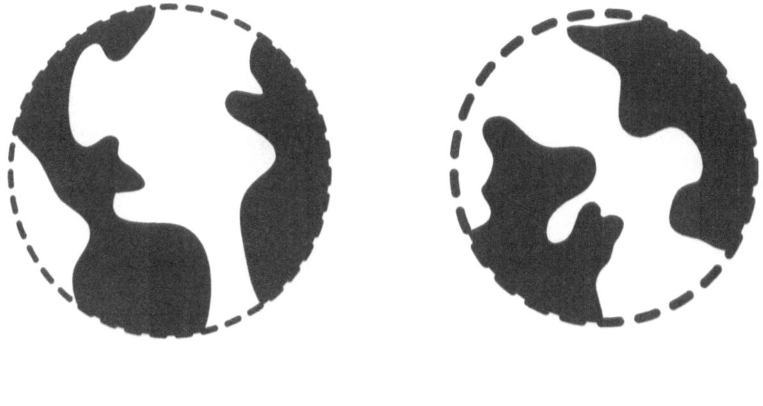

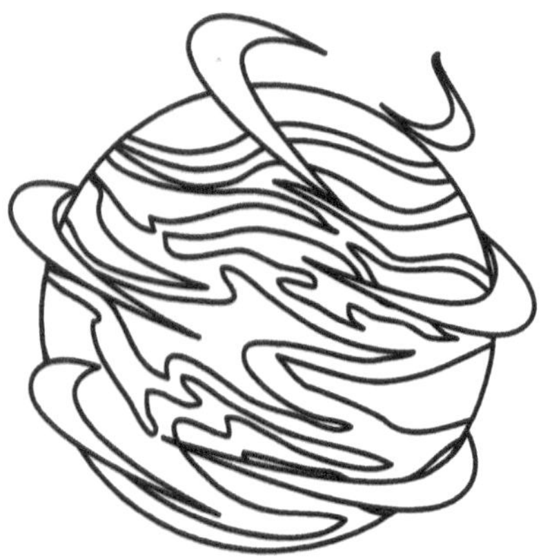

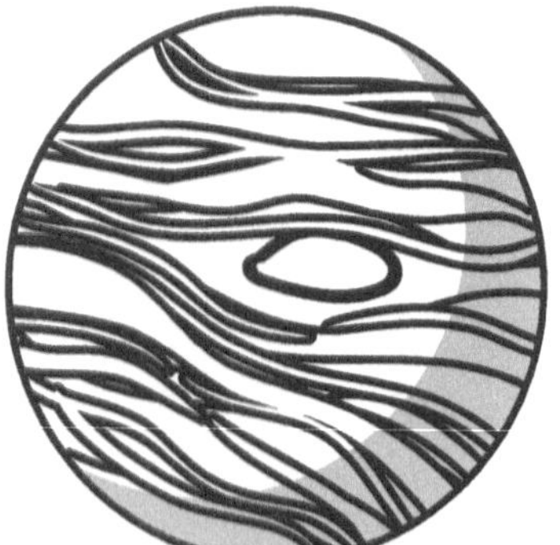

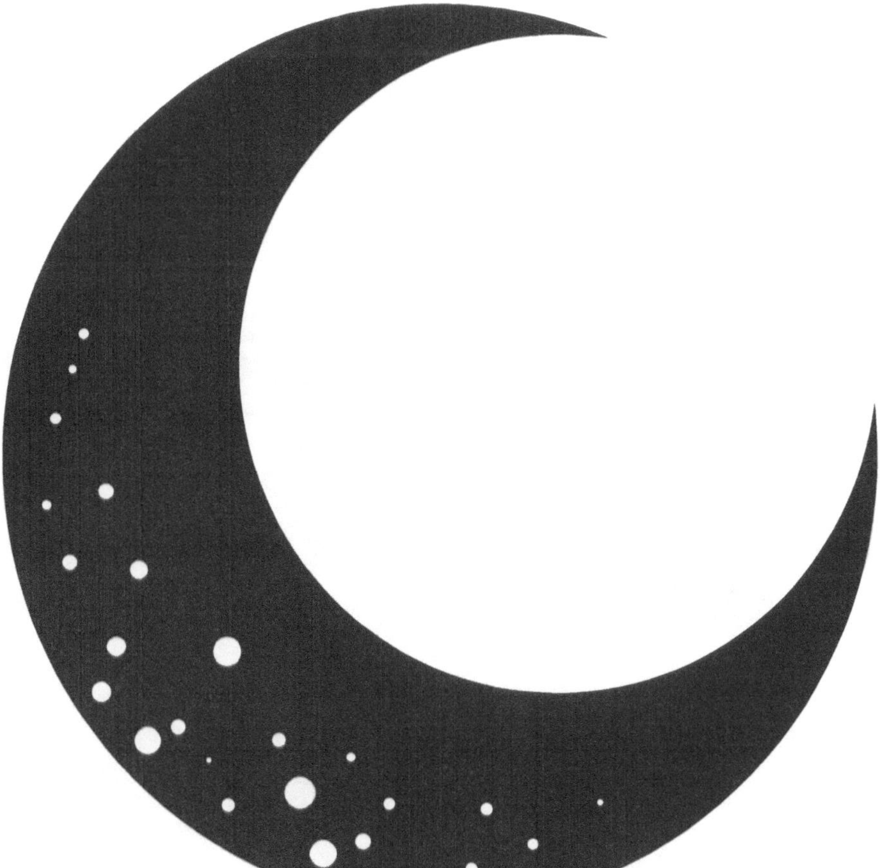

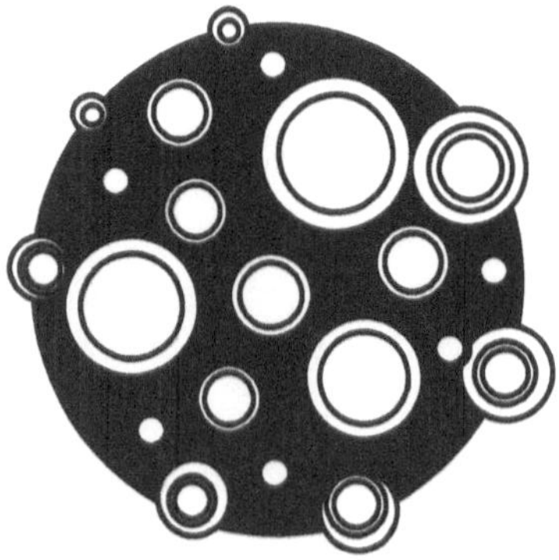

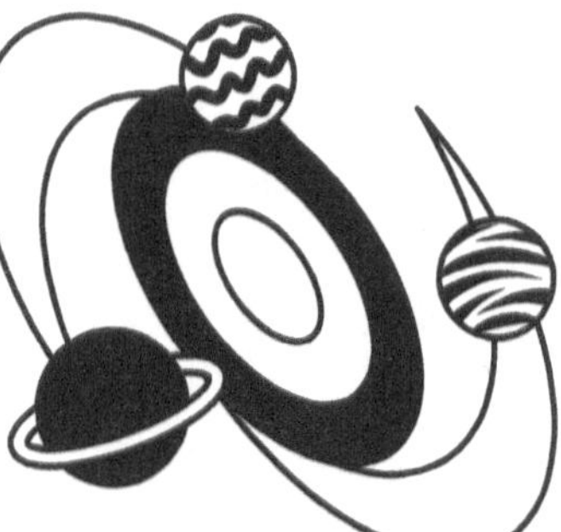

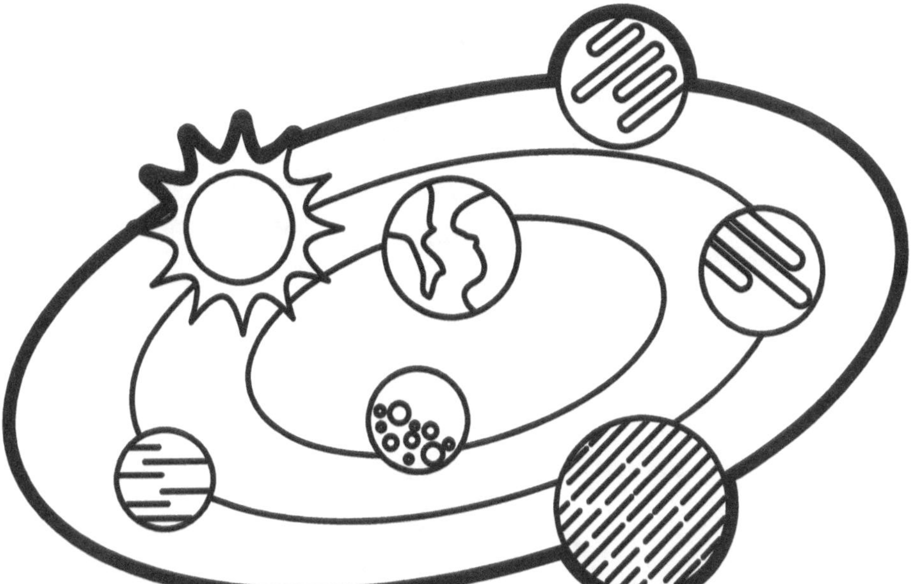

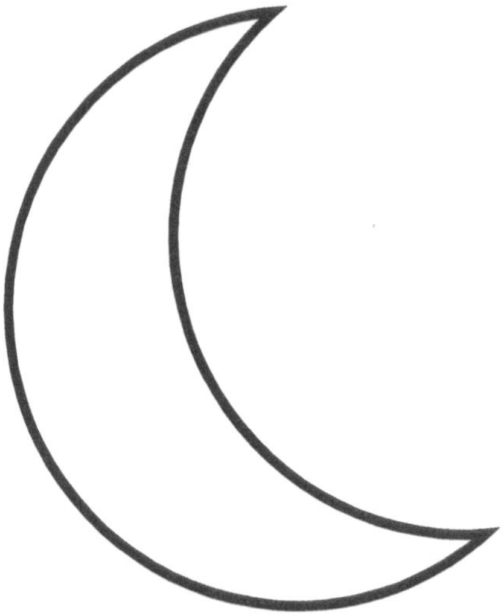

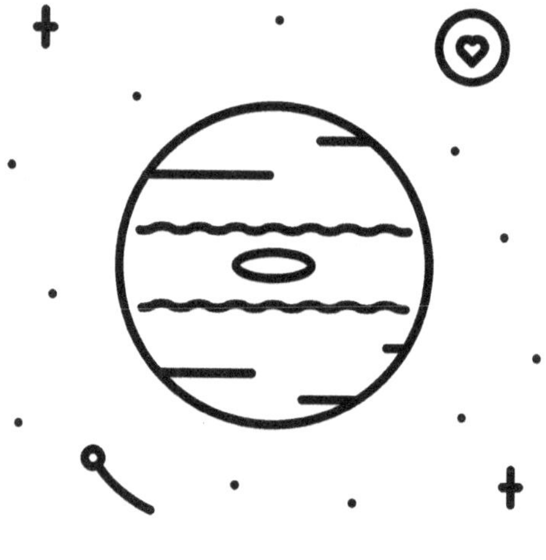

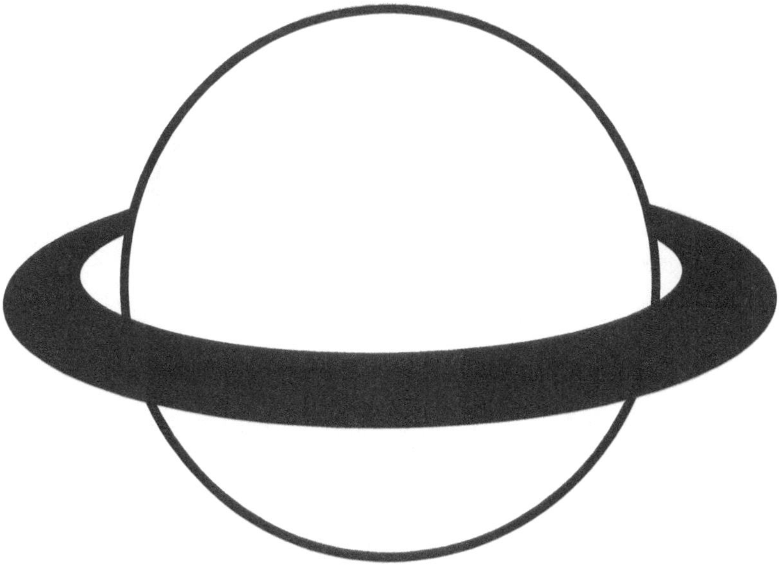

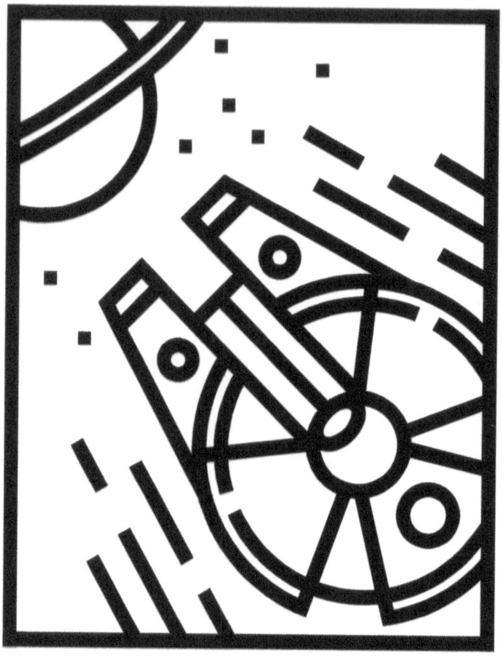

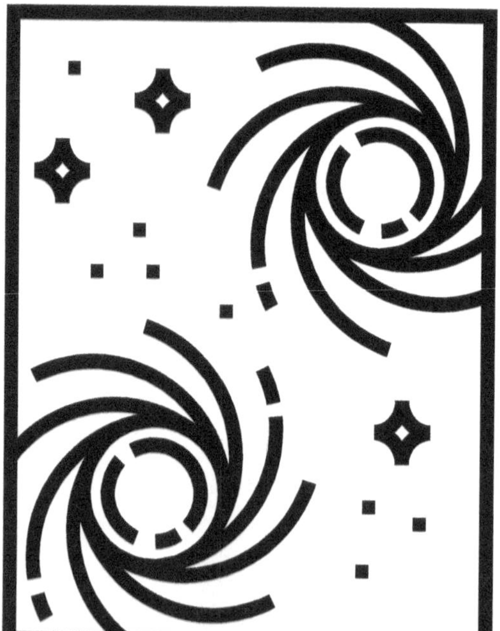

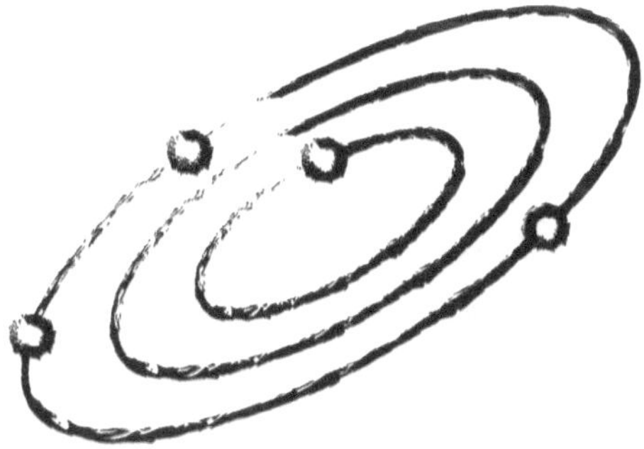

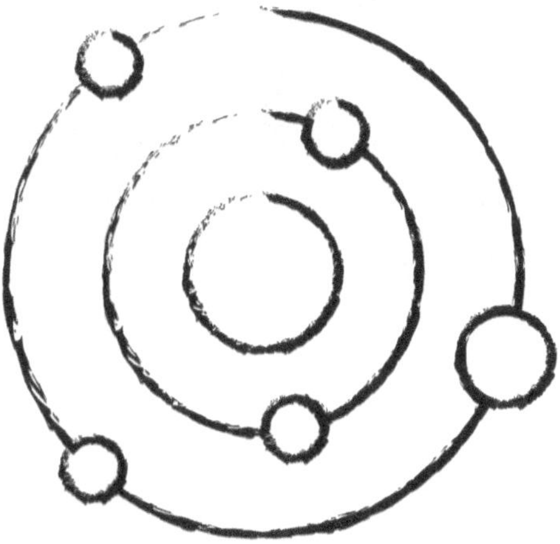

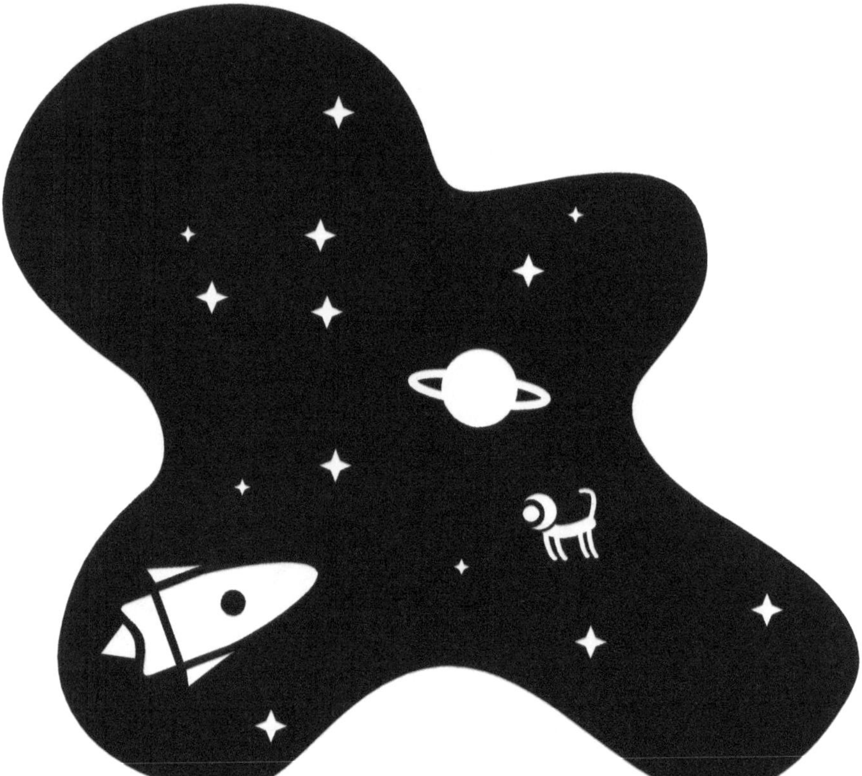

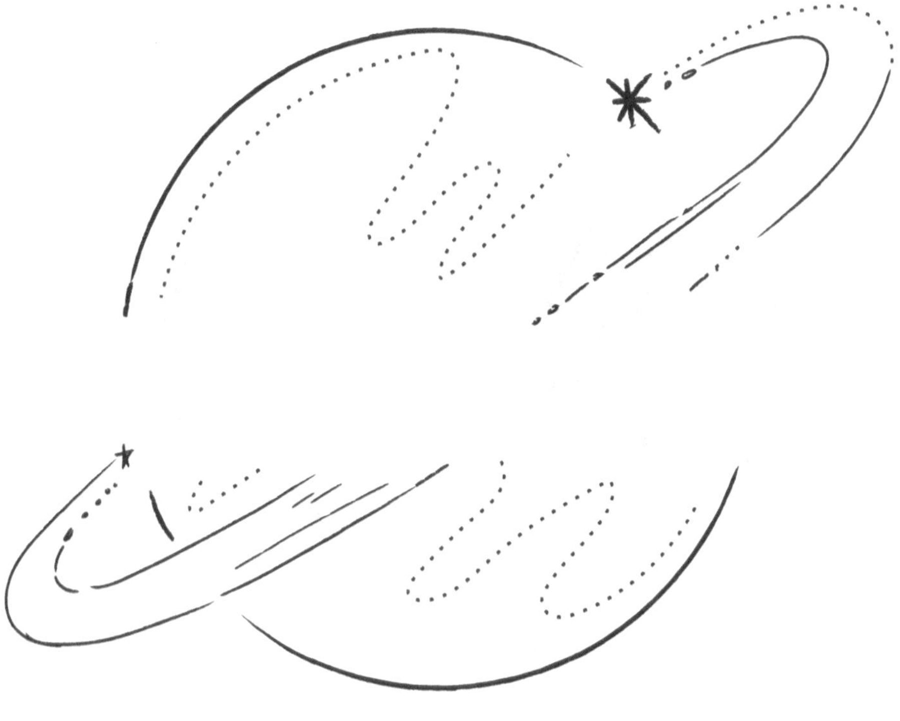

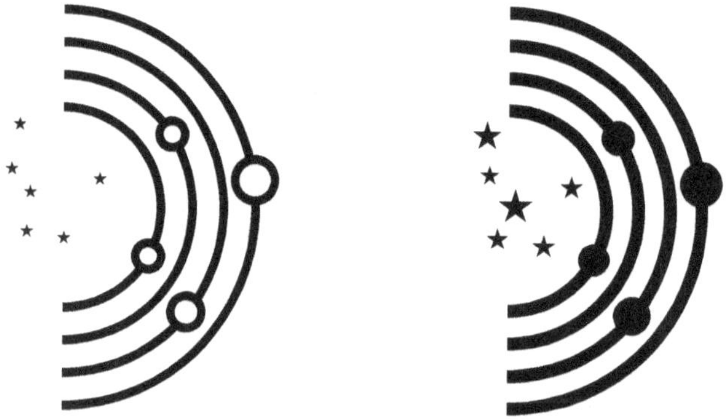

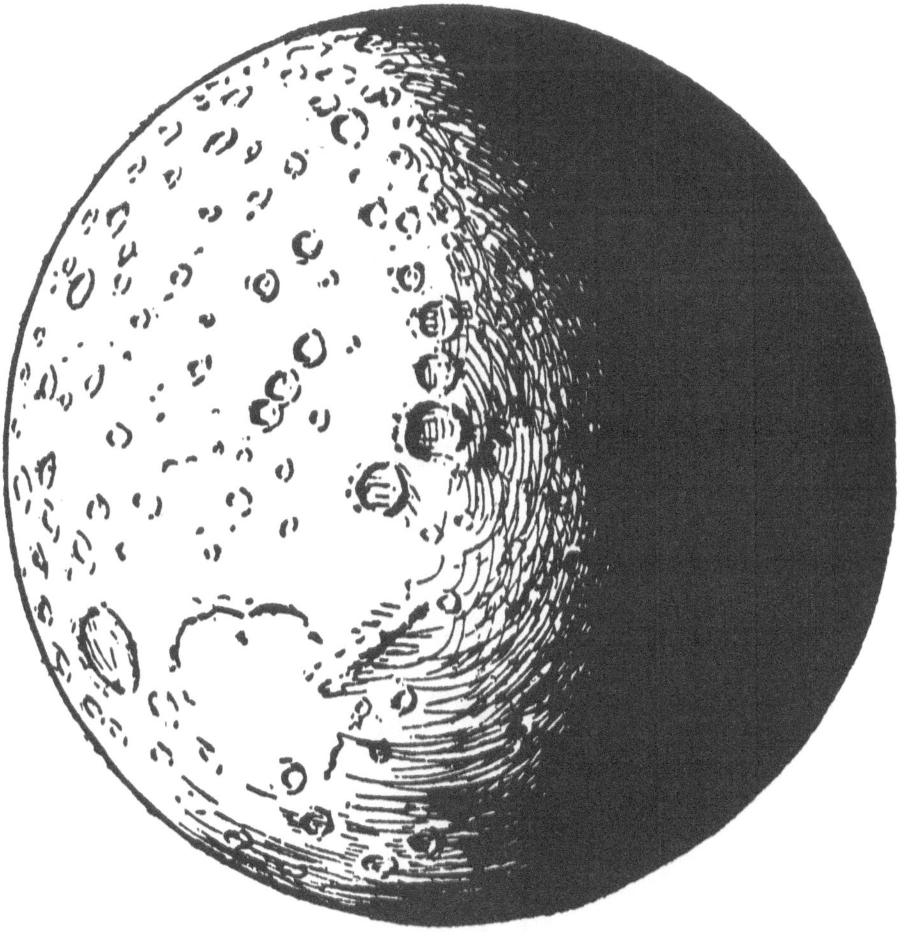

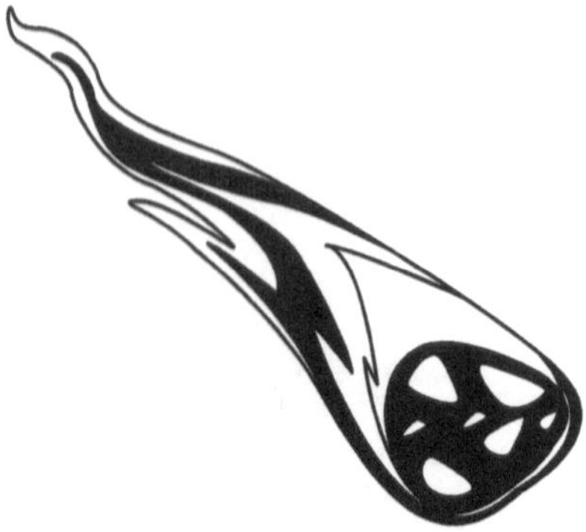

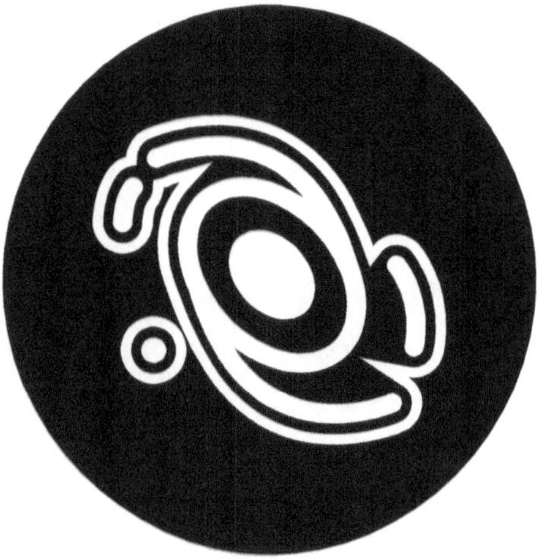

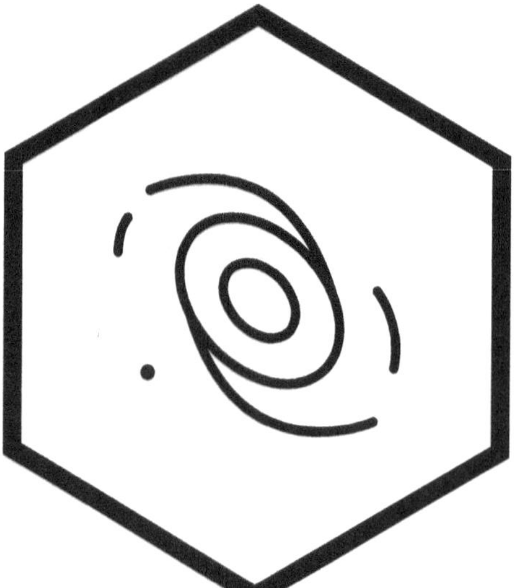

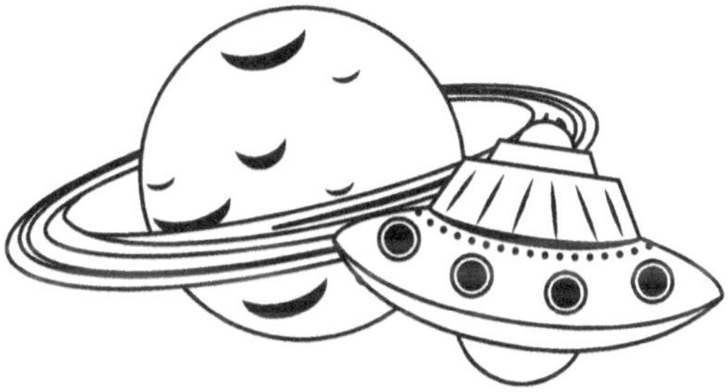

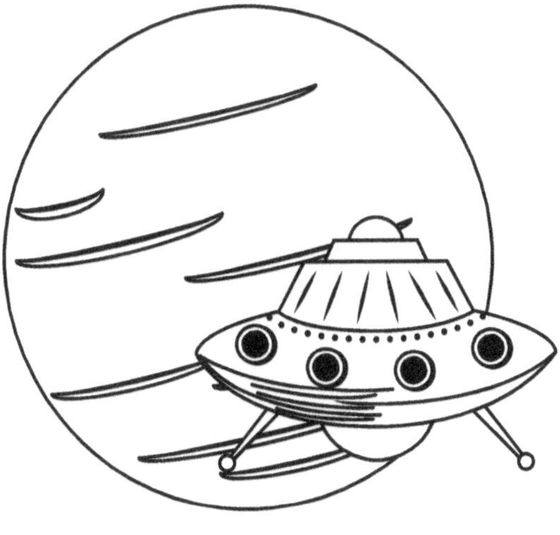

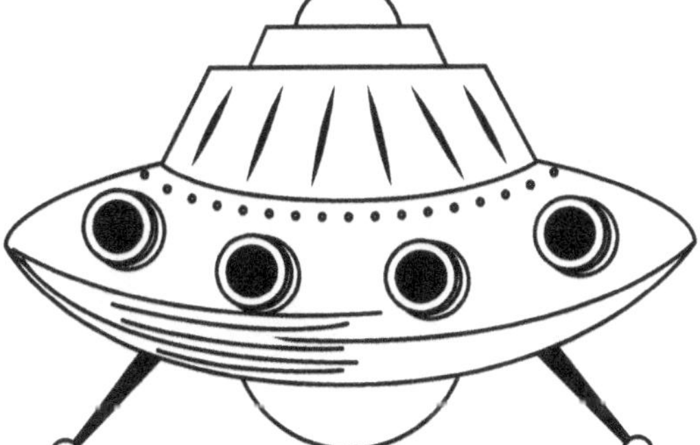

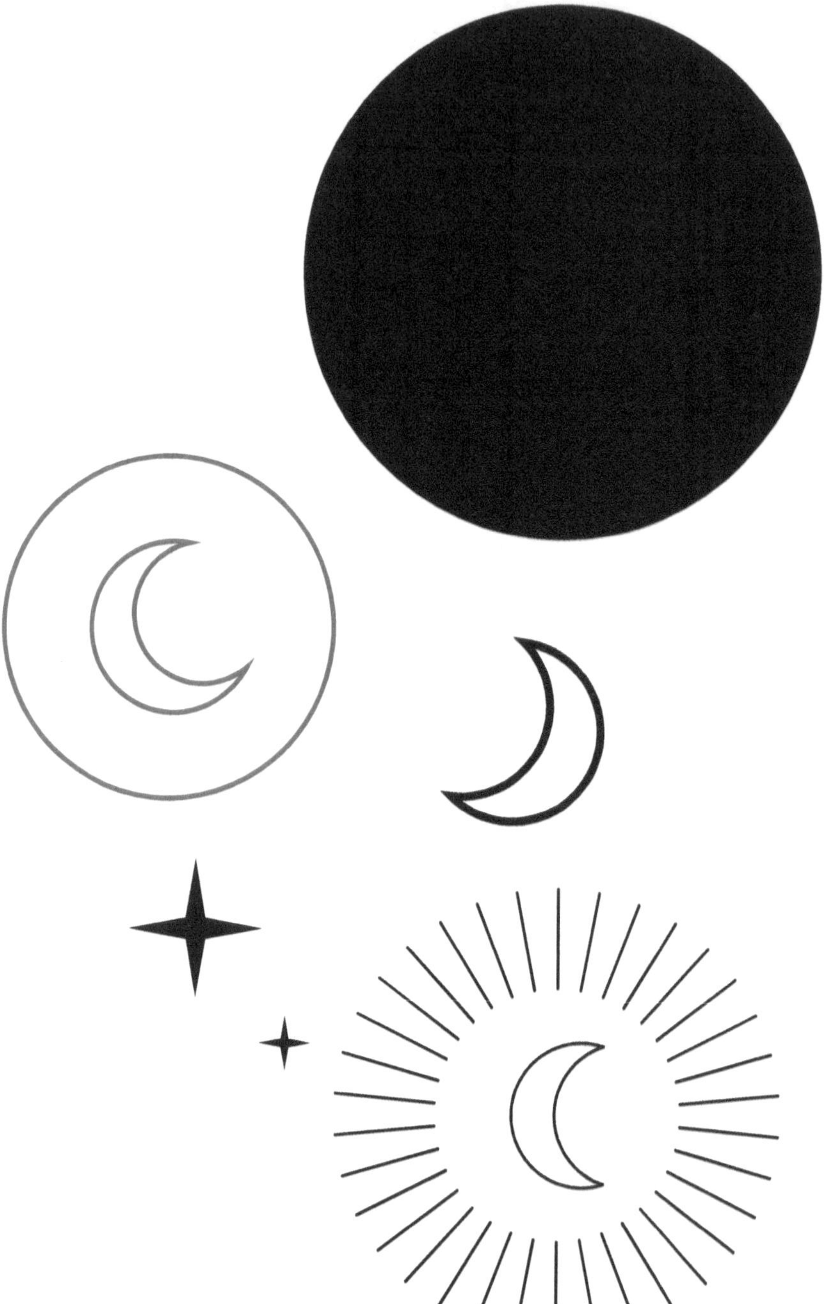

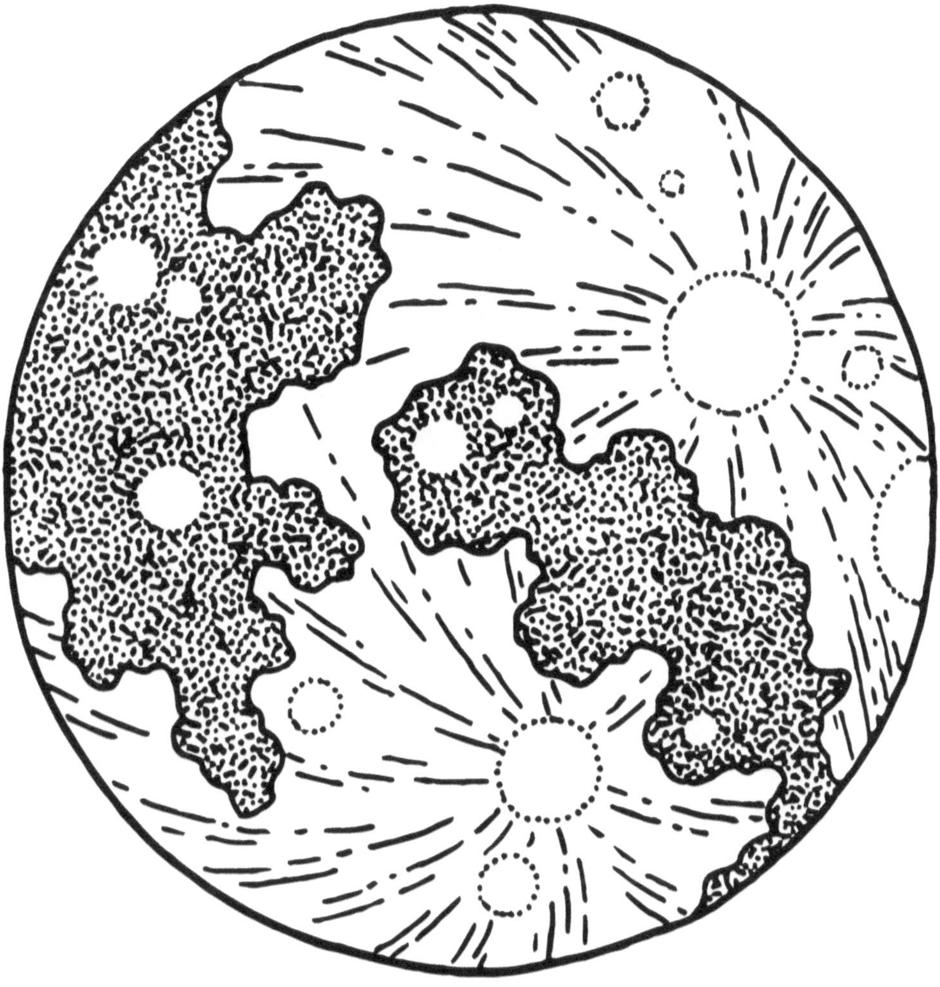

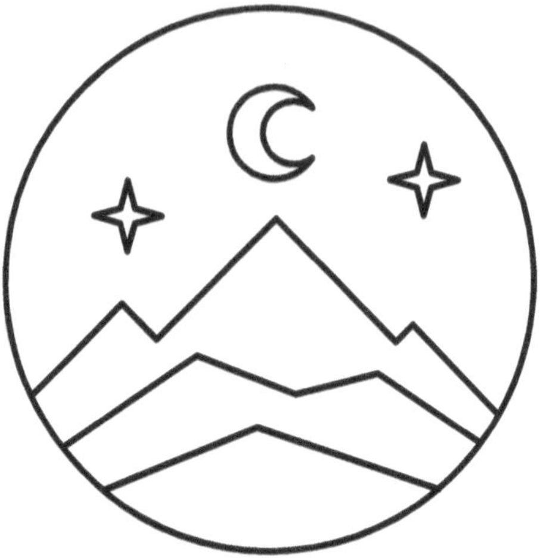

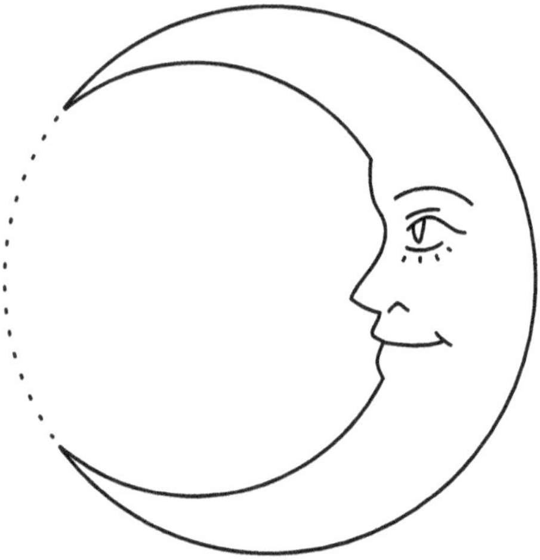

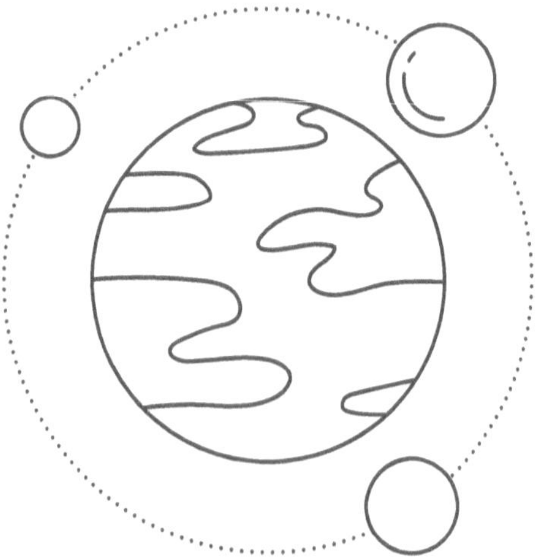

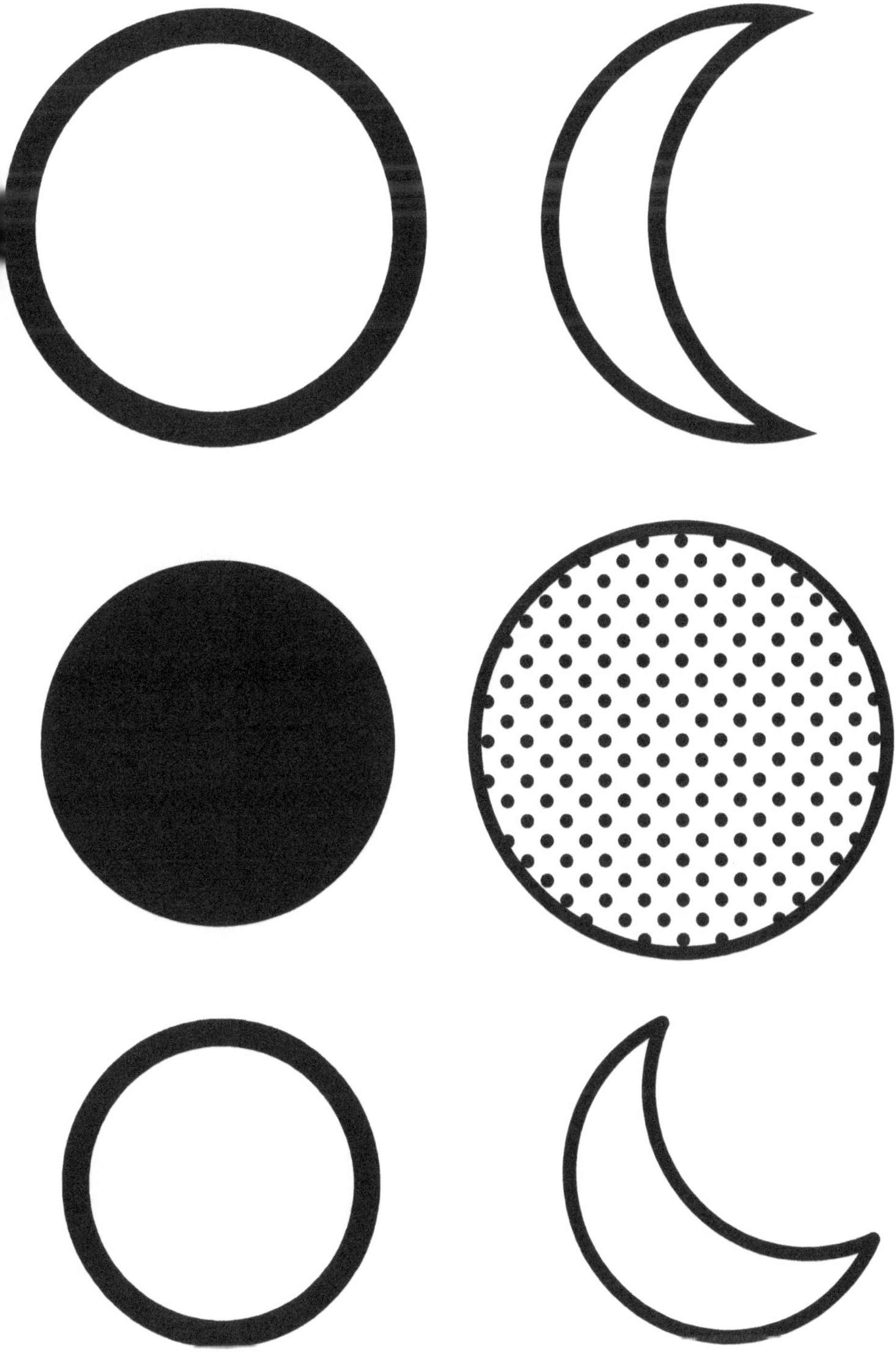

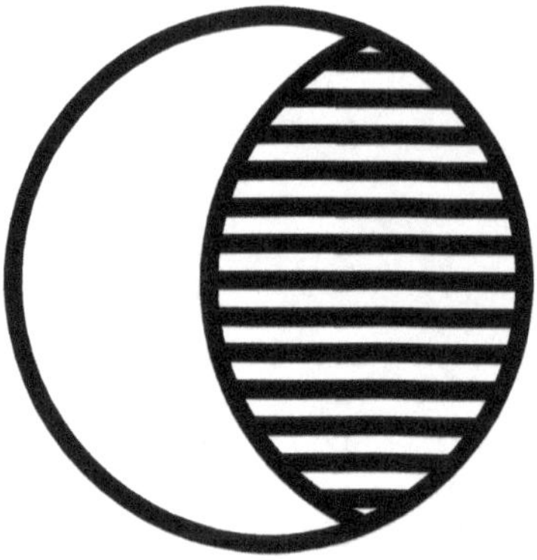

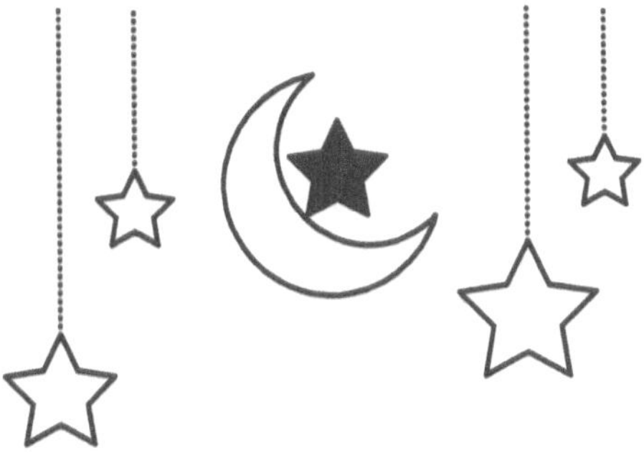

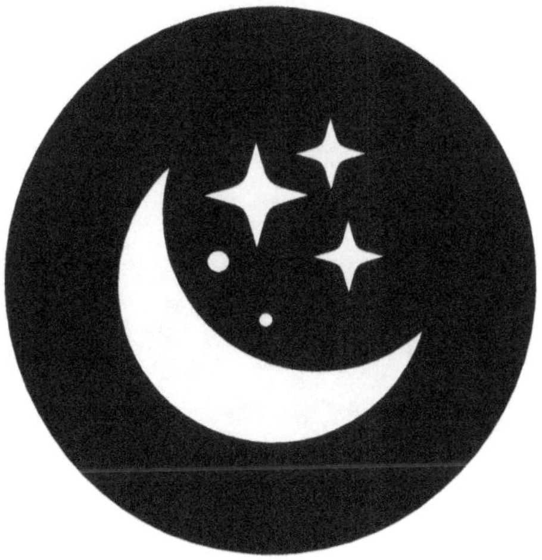

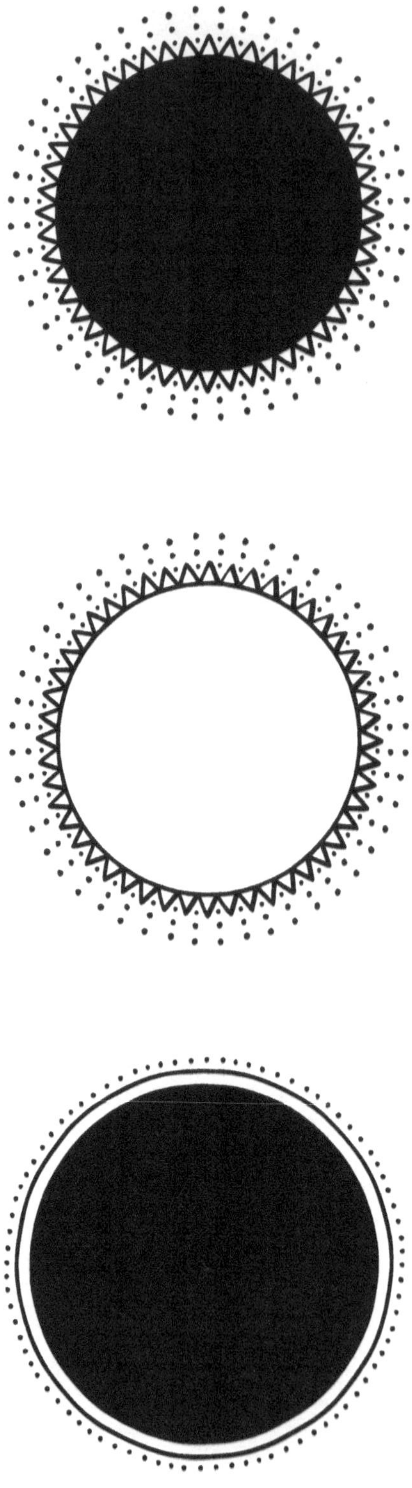

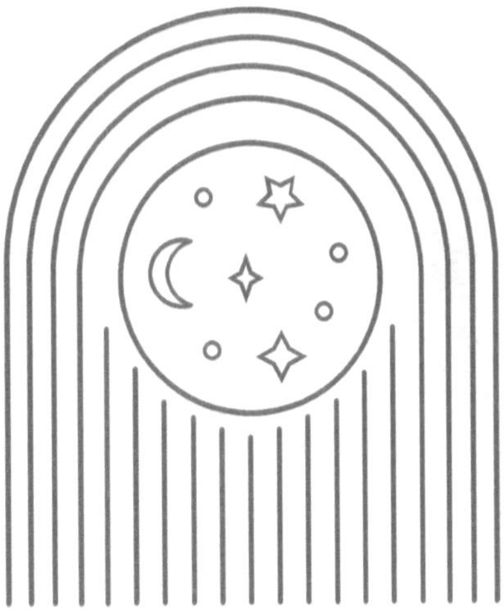

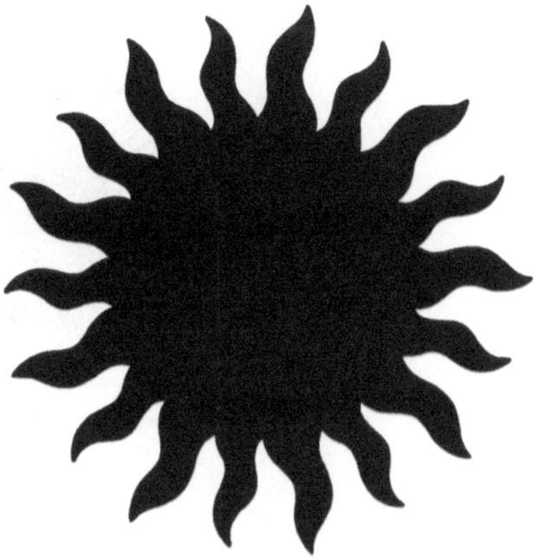

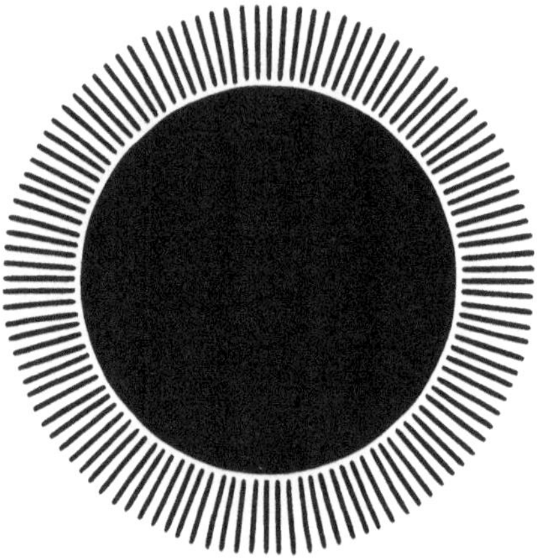

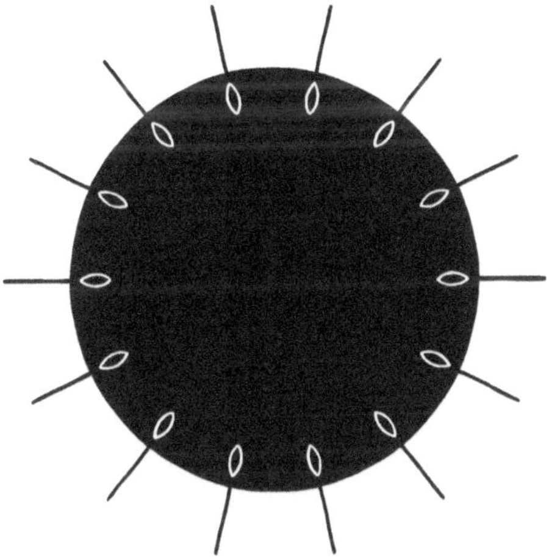
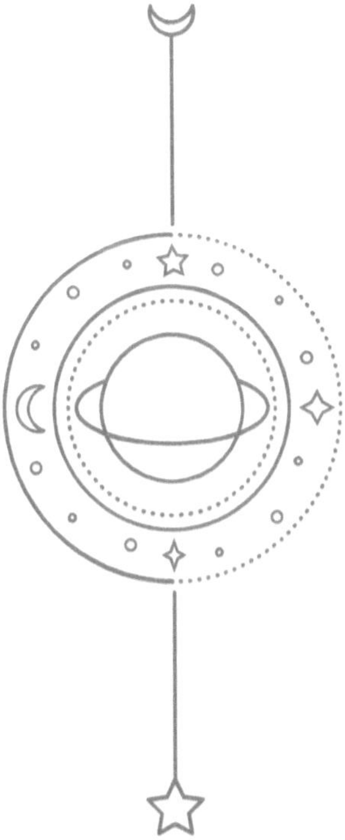
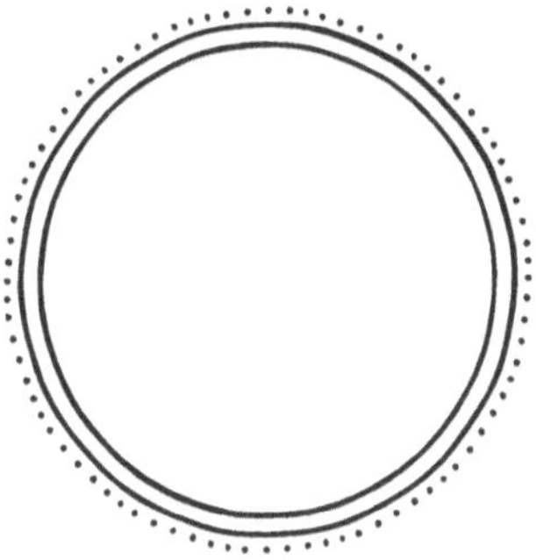
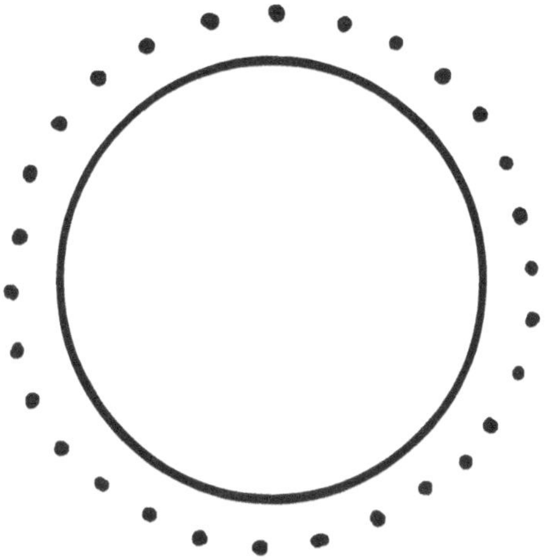
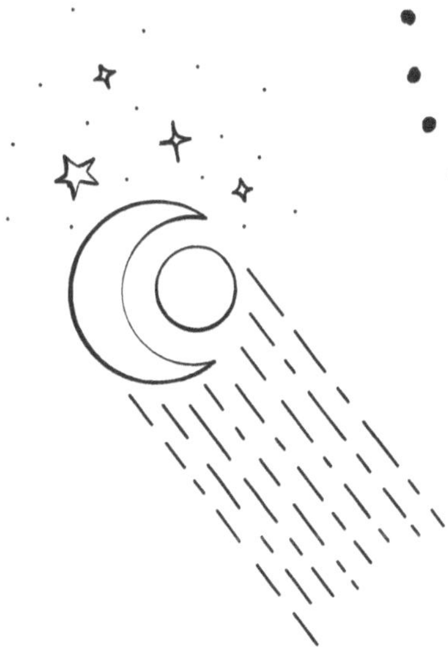

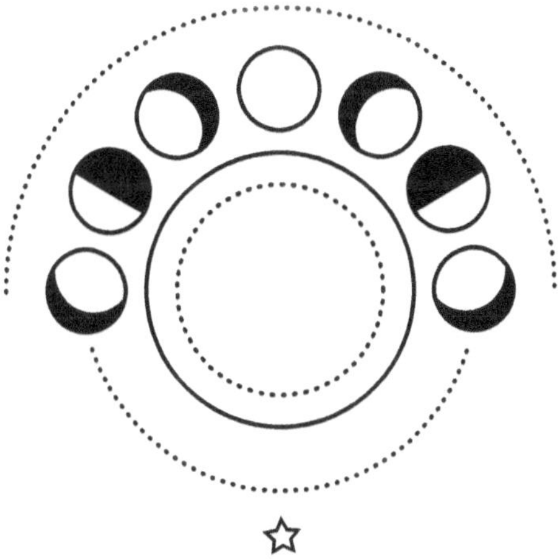

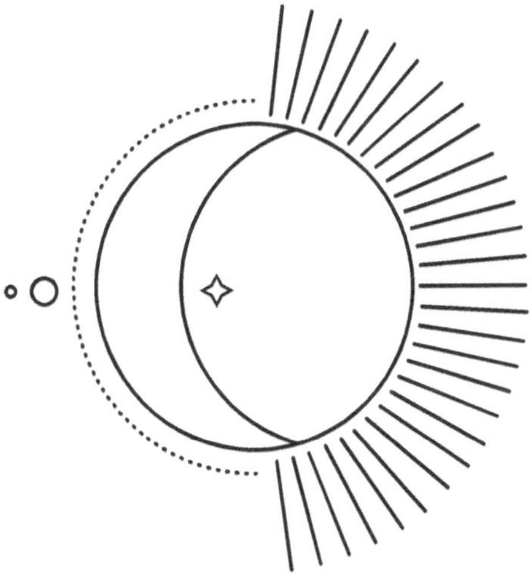

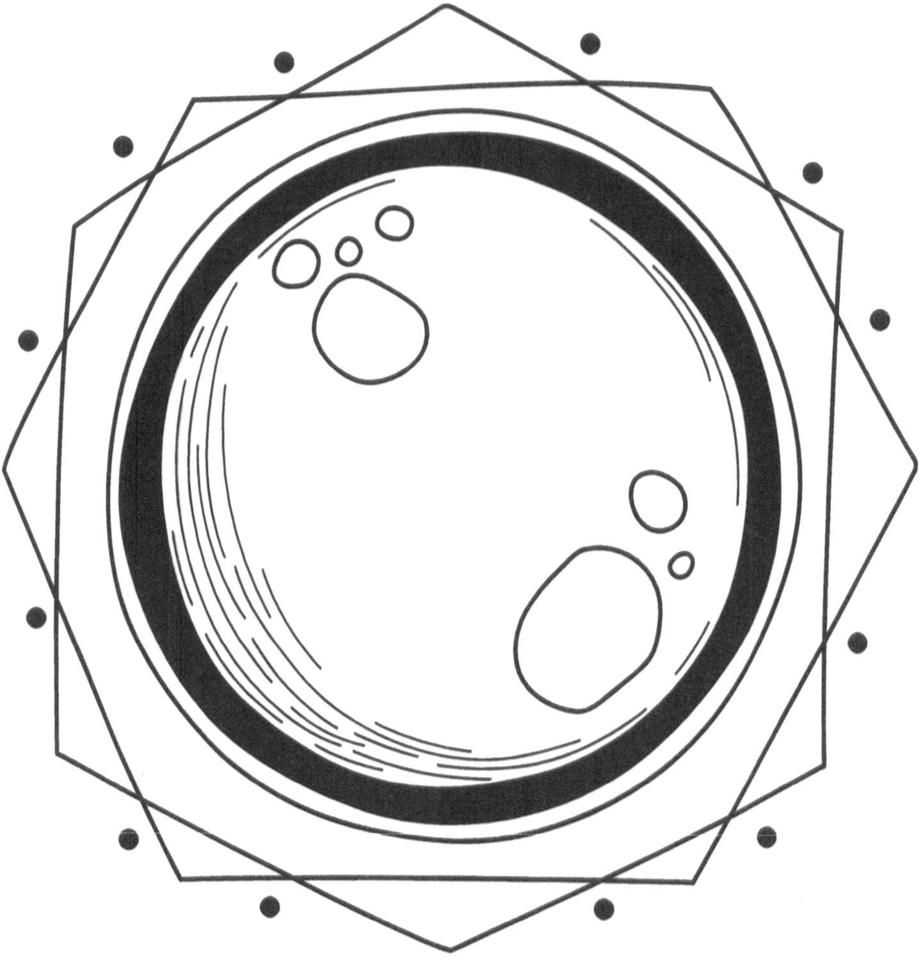

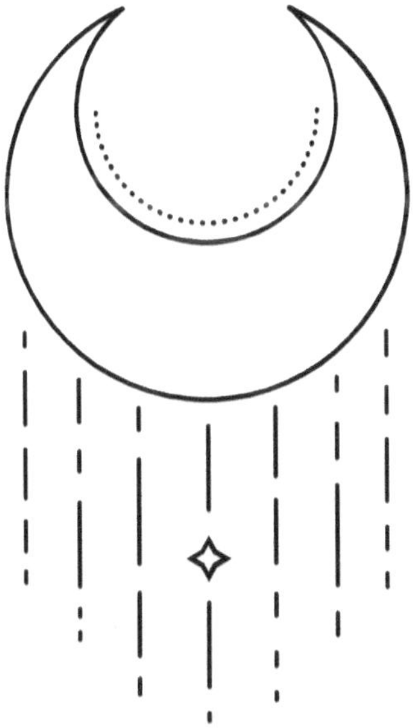

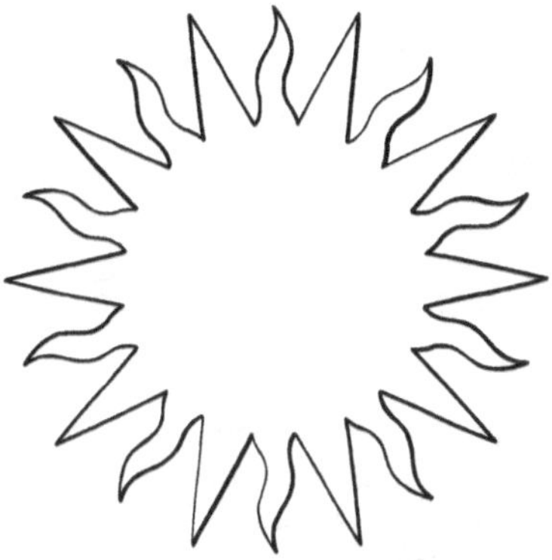

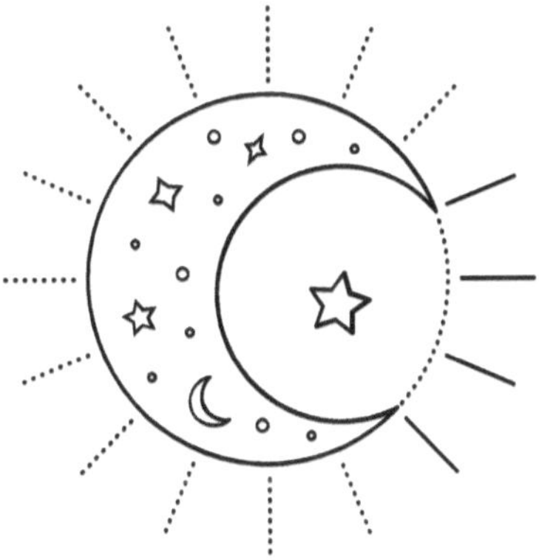

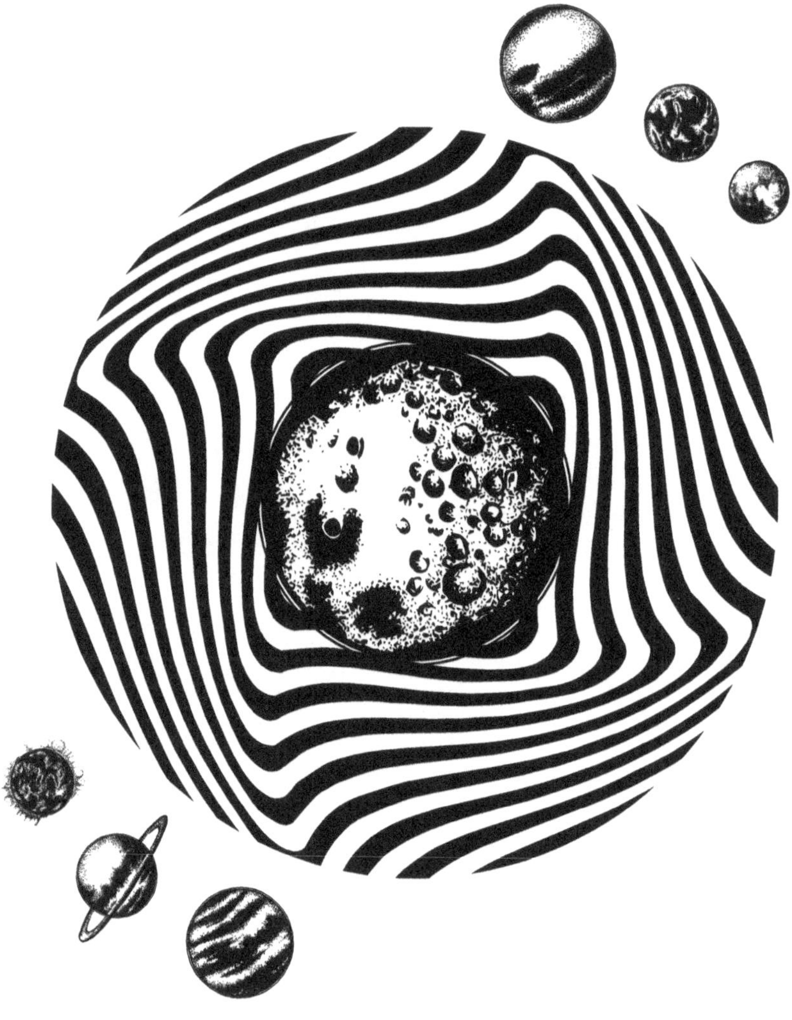

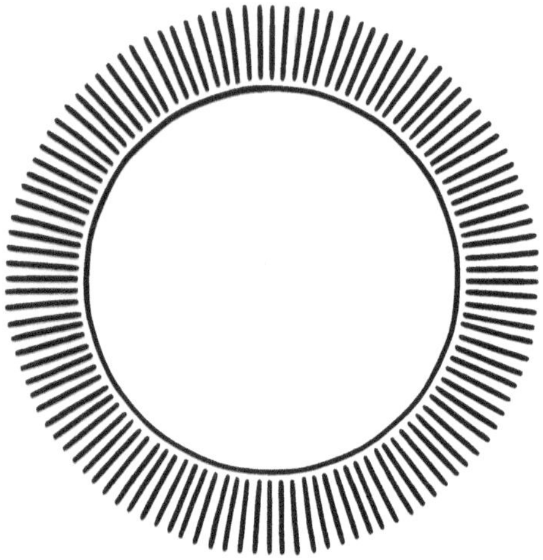

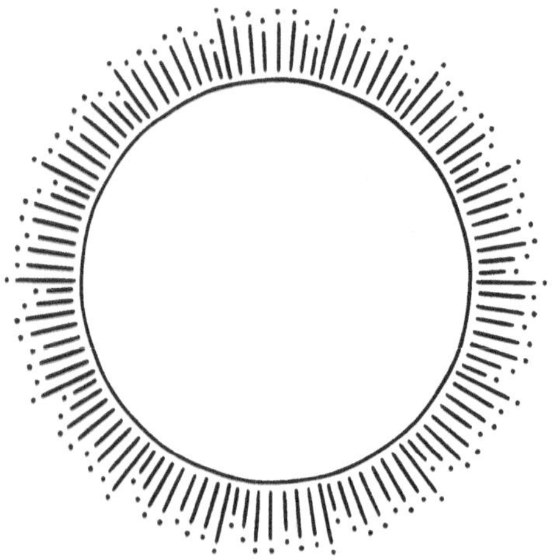

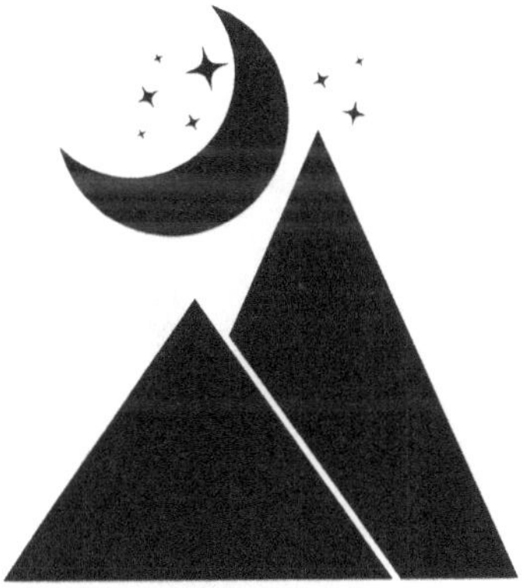

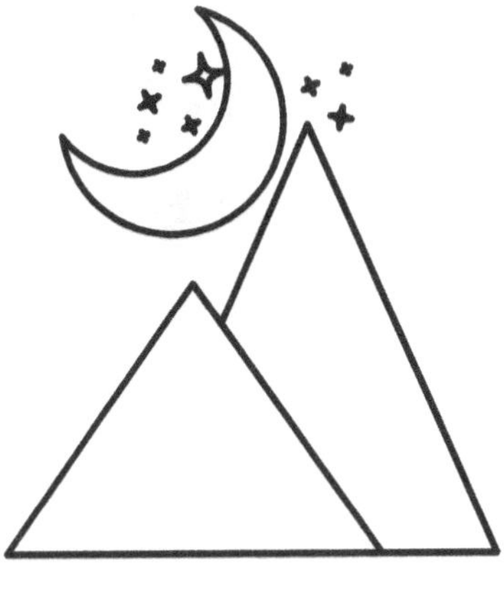

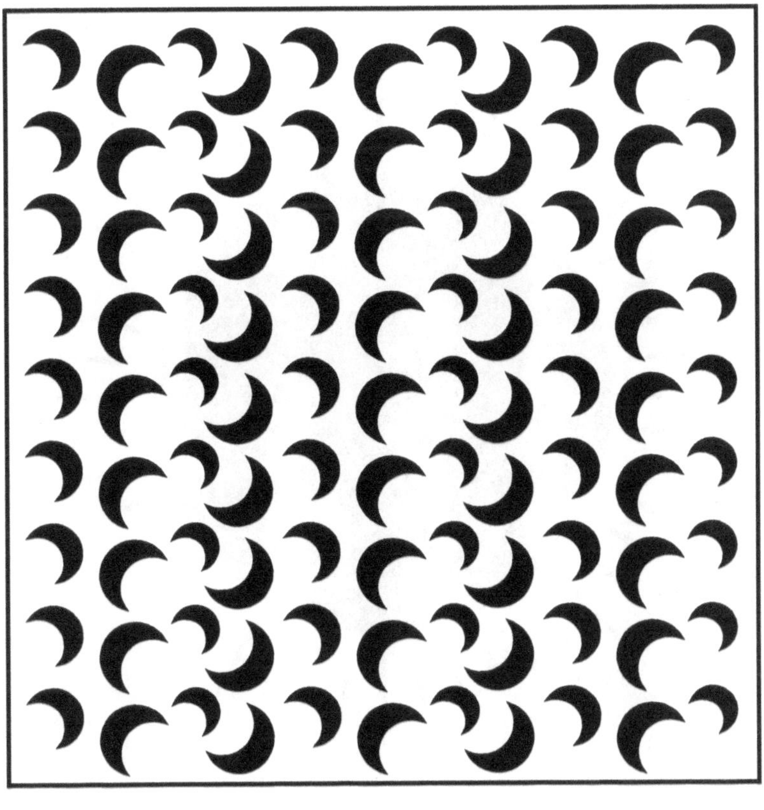

www.ingramcontent.com/pod-product-compliance
Lightning Source LLC
Chambersburg PA
CBHW020603220526
45463CB00006B/2435
* 9 7 9 8 6 5 5 9 9 3 9 6 9 *